FOR BEGINNERS フォー・ビギナーズ 92

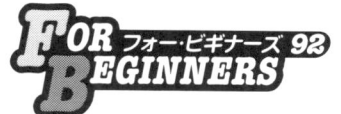

部落差別と宗教

文●川内俊彦
イラスト●貝原浩

イラスト版オリジナル

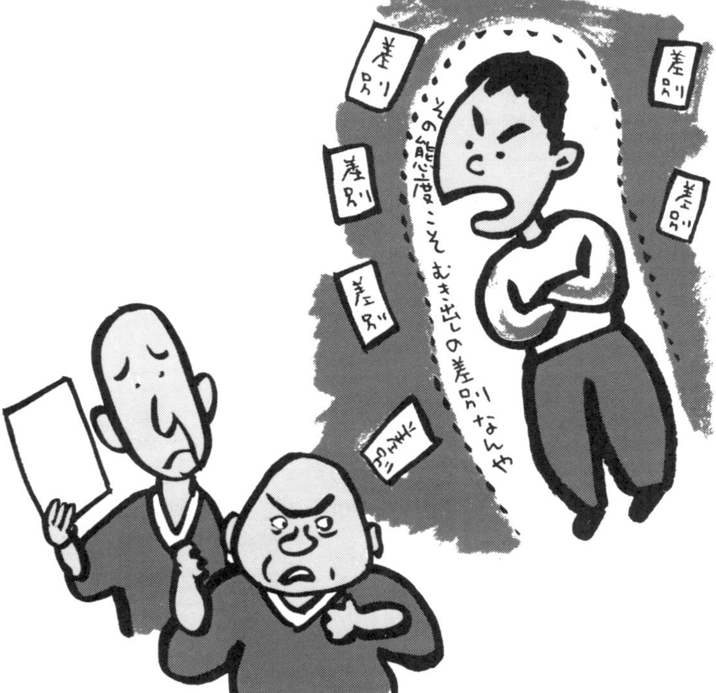
その態度こそ むき出しの差別なんや
差別
差別
差別
差別
差別
差別

現代書館

目次

Ⅰ部　私たちは差別をしていません？……………………7

淡路島・回想　8／私たちは差別をしていません　12／差別は人間の本性ではない　15／目なしダルマ　18／親の意見と茄子の花　19／三Ｋ意識を憂う　20／日本人とそっくりやないか　21／法律語の中の不快用語【差別語】　22／心の痛みを知る心　23／いじめと人権　24／受験教育の正常化を　25／不易・流行（ふえき・りゅうこう）　26／一茶漂泊・孤高・人間を歌う　28／人間・一茶どん底に歌う　30／信濃の国乞食首領一茶　32／いのち一つなれば　34／差別はすれど非道はせず?!　36／難問・奇問　42／心の受け皿を　43／バカでもチョンでも　44／市民・市民生活・市民的権利　45／奇抜な戦争絶滅法案　46／言葉と差別　47／管見・「婦亡人・夫亡人」　48／「差別化」か「差異化」か　49／「表日本」・「裏日本」　50／呼び名・呼び方考　52／消せばしまいか　54／5万日の日延べへの怒り　56／孔子と啓発　58／現代社会の「啓発」　60／近代解剖教育記念切手　62

Ⅱ部　宗教界はこれからどうする……………………………67

僧と差別　68／13の、いのち　70／いのちのロマン水平・曼陀羅　74／わが水平行脚・断章　76／身もと調べ　78

宗教界はこれからどうする　82
同宗連・結成の原点に、かえって　82／同和問題に取り組む　84／日本基督教団が部落解放方針を確立　90／同和問題に取り組む宗教教団連帯会議　101／第10期「同宗連」連絡会組織　104／宗教界のあいつぐ差別　107／浄土真宗本願寺派　北海道教区上川南組組長差別発言事件　108／浄土真宗本願寺派　福井教区組巡教法座差別事件　112／奈良県室生村で発覚　116／東京で初の差別戒名を確認　117／埼玉県大利根町の浄土宗住職　118／浄土宗の住職が差別発言　120／曹洞宗大本山總持寺　伝道掲示板問題　123／境内の公衆便所に差別落書き　126

国政(参議院)選挙差別公報事件　128
参院選挙公報差別糾弾要綱　130

識字運動によせて　134

薬の匙加減　虚と実を間違えるな　142

Ⅲ部　平和と生命と人権のために　145

「爆弾三勇士」鎮魂譜　145／「肉弾三勇士」顕彰像の復活に断固反対する　160

Ⅳ部　青いビニールシート(阪神・淡路大震災体験記)　163

青いビニールシート　164／死ぬときは一緒に死のうと思った　165／母は少女のように泣いた　166／震災と公務員　167／関東大震災と「千田是也」　168／大地動乱の時代　170／天災列島に生きる　171

あとがき　173

エタ村や
山時鳥
ほととぎす

穢多町も
夜は美しき
砧哉

朝々の
朝茶のために
花植えて
今や非人の
鶯のなく

隠亡が
さぶりも御代の
青田哉

くゎうくゎうと
穢多が家尻の
清水哉

隠亡の
むつき
ほしたり
蓮の花

思うさま
蚊に騒がせる
番屋哉

I部

| 私たちは |
| 差別を |
| していません |

？？？？！

淡路島・回想

1970(昭和45)年初夏、淡路島内のある兵庫県立高校で「差別教育反対、学園紛争」と呼ばれる激しい教育批判活動が展開されました。能力別クラス編成、コース別、家庭科のあり方等への批判を含め、部落差別撤廃、解放への展望をもちうる教育内容を保障してほしいという切実な訴えが燃えひろがっていったのです。そして「部落研」が誕生。深まりゆく秋の一日、学内同和教育講演会の講師に招いていただいたのでした。

16歳、17歳、18歳の男女高校生を前に熱弁をふるったものでした。部落研有志の数名が帰りの港まで見送ってくれました。その時、出来上がったばかりの、部落研機関紙、文集『叫び』を彼女達から贈られました。

1991年2月27日、筆者は、神戸港中突堤より出航の高速艇で、淡路島洲本に着岸しました。淡路全島に1市10町の自治体があり、全島に共通する行政事務を執行するため、「淡路広域行政事務組合」を組織化しています。そこから、淡路全島の、同和問題講演会の講師にとお招きいただいたわけです。

開催地は三原町。21年前の思い出に胸を熱くしながら会場に到着したものです。

　その日もらった文集『叫び』を携えて私は演壇に立たしてもらいました。そして叫びました。あの日の誓いを胸にしながら……。
＝あの日から21年たちました。あの日の若者たちも、もう30代半ば、40歳近くになっておられますね。今日、この会場には、おられませんか。私も差別と闘い続けています。あの日の願いは、かなえられましたか。あのときの「叫び」は学園中に、淡路全島に、日本の国中に聞きとどけられましたか？
　すでにあの時の年齢と同じくらいの少年、少女の、父親・母親になっておられる方々も多いと思います。あの日の悩みや、苦しみが、いままた、子ども達の世代にまで続いているのではありませんか。

　21年前の、淡路の島の子達の、血を吐くような訴えを、いま再びお伝えいたします。
　文集『叫び』
　〈私達の目的〉差別ということは、いたる所で行なわれており、我々は、ともすれば無意識のうちに差別者になっている。また被差別者に陥ることにより、差別がいかに極悪であるかを知る。我々、部落研はどんなささいな差別をも逃さず、あらゆる差別が集中し、今なお生き続けている「部落問題」も徹底的に学び研究し、常に科学的に問題点に目を向け、差別を生み、残存させ拡大再生産させようとしている日本社会の矛盾と堂々と立ち向かう。そして自から解決しようとめざし活動する。＝満場水を打ったように聴き入ってくれました。

文集『叫び』〈レッテルをはがして下さい〉

〈母の胎内にいた時から／私の体にレッテルが張られていた／透明で書かれたこの、レッテルを私は知らなかった。

あぶりだしを覚えた時も／文字が読めるようになった頃にも／私には読むことはもちろん、捜しだすことさえ／できなかった。

周りの者は、みんな読んで知っていたというのに、指さし陰口を叩いていたというのに

私のレッテルは／体が成長するにつれだんだん大きくなってきた／私のレッテルは、

　私達との交わりが多くなるにつれ
　だんだん　色を表わしてきた

読んだ　ついに読んだ……ウソだ！

忘れたい／目がつぶれていたらよかったのに、文字が読めなかったら、耳が聞こえなかったら／あゝ　どうか夢でありますように、

硬直した身体に浮かびあがる文字、文字、

「部落民」「エタ」「四つ」

あの子とはちがうのか　ＭさんやＴ君と私は同じ人間じゃないのか

一本たらない……人間になれない……人間じゃない……

いくら風呂にはいって　こすってみても　とれないレッテル、いくら今身に布を　まとってみても　浮かびだされる文字、部落民、エタ……涙が洗い流してくれるものなら、私のレッテルは、とうの昔に　流れ去っているものを……

自由に結婚もできず、自由に職も選べず　いつも　まわりを気にして　なつかしい　ふるさとを隠(かく)さなければならない！
ただこの土地で　生まれたというだけで　ただこの土地で育ったというだけで　盗みも、人殺しも、何も悪いことなんか　していないのに、人間以下の人間とされ　社会外の社会とされ　不当な差別を受けなければならない
こんな気持が、こんな苦しみが、悲しみが　みじめさが、あなたにわかるか！
守銭奴のあなたに、支配することに酔いしれている、あなたに　わかるか
下をみて手をたたいている、あなたに／他人事のように見て見ぬふりしている、あなたに　わかるか
この涙が、300万人の涙と怒りが／差別というカミソリで命まで奪われ／やすらかに眠れない数知れない人々の叫び声が、
あなたの体に伝わるまで私は叫ぶ！
　レッテルをはがして下さい‼　と〉

　31年前の絶叫が今日も続いていなければ幸いですが……。
　これは、1991年に1970年以来二度目の淡路島・三原の地を訪れたときの回想ですので、2001年時点に立てば、この話は、すでに31年前の出来事ということになります。
　「過去は、過去をして語らしめよ」……といって、済まされれば、それにこしたことはないのですが……。こんな悲しい心境・その絶叫が島をとりまく波間に消えさっていれば、それ以上、言うことはありません。

私たちは差別をしていません 1.

　「私たちは差別をしてませんよ。部落の人たちも、そんなことを気にせずに、ひがまず、こだわらないように……」などという声が聞こえてきます。

　そういう人たちは、差別的な言辞や身振り手振りを、直接部落の人々になげつけたり、表面化させたりしていないということをもって「差別していない」といっている場合が多いようです。

　もちろん差別言辞や動作などが許されないことは当然のことです。しかしただそれだけでは、差別をしていないということにはなりません。

　「差別を表沙汰にはしていない」ということには当てはまるとしても、潜在的に差別観念を持ち続けておれば、差別をしていないなどとは到底言えません。

　また、差別は単に心理的、観念的に存在するものでなく、差別の実態の反映として相関関係を持っているものです。

　差別の実態がそのまま残し続けられている現実がある中で、そのことに目を閉ざしたままで、「私は差別をしていません」と一方的に観念的に言ったところで、差別の事実はなくならないし、差別観念もまたなくすことはできません。

　社会関係、人間関係、市民生活の場で差別が表面化するのには、一定の場と条件を必要とします。

「部落」の人々との間に何らかの関係が生じた時、例えば「就職」に際して、「雇う、雇われる」というような関係が生まれた時に、部落の人は採用しないという事例。また、「恋愛・結婚」における人間関係が、このことの故に不成立、破棄、解消になったという場合などなどです。

何らかの場と条件、関係が生まれた中で、差別が表面化、顕在化してくるわけであって、具体的な関係、関連のない場合には差別が顕在化することは少ないわけです。

したがって何らかの関係が身近に起こったら、差別的態度を示すであろう人でも、それまでは、「差別していません」と言うわけです。

実は、「差別をなくそうとはしていません」というところにこの「差別していません」の本当の問題点があります。

——ひがむな、気にするな、こだわるな——という、一見お為ごかしの、親切めいたこの言葉の持つ意味を考えてみたいと思います。しらじらしい、無責任な、何の真実味もない、空しい響きしか伝わってきません。

12.

もちろん一般論として、「ひがみ」や「思いすごし、気にしすぎ」「こだわりすぎ」はないにこしたことはありません。

しかし、部落の人々が、差別を差別と感じ、被差別を被差別と意識することは、「ひがみや気にしすぎや、こだわりや、あるいは劣等感……」などからくるものでしょうか。

差別は、実態と意識の両面より成り立っているものです。しかも差別意識は「社会意識」として存続しているものです。「ひがむ」「気にする」「思いすごし」「こだわり」などということでなく、差別を差別と感じとり、意識すること、言い換えれば「被差別意識」を持つことは、差別が現実に存在している限り当然のことであり、人間として必要かつ正当な態度と言わねばなりません。

被差別、つまり基本的人権・市民的権利・自由が侵害されていること。人間の尊厳性が冒涜されていることを、鋭く敏感につかむことこそが、不当な差別への怒りを生み出し、理不尽な差別は許さないという抵抗感を燃えあがらせる闘いの原動力となるものです。

そして一切の差別を追放し、部落差別を根絶しようという解放への意欲を湧きおこし奮いたたす出発点になるものです。

ひがむな、気にするな、こだわるな云々ということで、この問題をとらえることは、部落差別の本質と、厳しい現実から、目をそらさせ、眠り込ます以外の何ものでもありません。

部落問題の解決を単なる個々人の心掛け、心構えの問題に矮小化し、すり替え、解消してしまう危険性があると思われます。そうなると部落問題は個々人の、心の持ち方、気の持ち方、「修養」の問題に閉じ込められてしまいます。

差別的実態の土台の上に、社会意識としての差別意識が存在する現代社会にあって「私は差別していません」と言いうる為には、差別の現実を現実として正しくとらえ、正しく学び、それぞれの立場、社会的役割を通じ、差別をなくすために取り組む中で、はじめて「私は差別をしていない」と言えると思います。

厳しい差別の歴史と現実を知らず、知ろうとせず、被差別の中を生き抜いて、差別と闘い続けている人々の苦悩と願望を知ることもなく、無関心、無責任な傍観者の姿勢のまま、「私は差別をしていません」と言ってみたところで、はたして何びとを信ぜしめうるでしょうか。差別と闘う立場に立つときこそ、「差別をしていない」と言いきれると思います。

差別は人間の本性ではない

1.

　差別は人間の本性だという人がいる。だから差別をなくすことなどはできないし、差別はなくならないという。

　手前勝手な、一面的、独善的な見当違いの考え方というほかはありません。

　もしそれが、あまねく全人類の本性であり、すべての人間の本性そのものだというならば、そう言っているその人自体が、その差別にさらされ差別に傷つき倒れ、差別によって損なわれることになっても自業自得、以て瞑するほかに道はないということになります。

　愛する妻や子や親や家族や、恋人や友人知己が差別されても、それは人間の本性の為さしめる仕業なりとして、差別の結果生じた不幸な事態を前にして拱手傍観、容認肯定するという生き方に身を委ねるというのでしょうか。

　差別は人間の本性などと、うそぶいていられるのは、自らを優越者、特権階級、差別の加害者、傍観者の側に置きつづけ固定化して考えていて、被差別の苦しみ、嘆き、悲しみ、怒り、痛みは、己れには関係なしと思い込み、相手の人権を踏みにじりつづける省みるところを知らない非人間的な傲慢不遜な、歪められた処世観からもたらされたものでしょう。

　しかし、よく考えてみたいものです。差別が人間の本性であるとすれば、そういう本性をもった人間社会にあっては、彼もまた次の日には、被差別の境遇に自身を置くことになることを、避けるすべはないことになります。

　自己破壊、自滅の道でしかありません。

差別の連鎖を止めるのは キミだ

差別本性論でいけば人間社会は、「万人の万人に対する狼の関係」でしかないことになります。だが約300万年前の猿人アウストラロピテクス（ヒト科）などからの人類の歴史のなかで290万年間は、そして現在の人類、ホモサピエンスの約4〜5万年の歴史に限っても、その4万数千年間は、人間は戦いのための武器を持たず、差別の制度で人間を苦しめた歴史をもっていないのです。

狩りの道具であった弓矢や槍や剣が、人を殺す武器にかわり、「戦争と差別」が始まったのは、農耕が始まり「搾取」が可能になって、「階級と身分」が生じた以降のことであります。

西アジアで紀元前6000年ごろ。中国でもアメリカ大陸でも世界的に同様の現象が起きています。日本の場合は弥生時代に入ってからとされています。

人類は原始時代から人間の本性として"戦争と差別"を繰り返してきたわけではありません。長い長い「無差別平等」の原始共同社会の歴史を生き続けてきたのであります。

無差別　平等

2.

差別（身分）は文明（歴史）の一定の発展段階で政治支配のなかでつくりだされ社会的にひろめられ、その実態の反映として差別観念もまたつくられ広められたものです。

人間が支配、被支配、搾取収奪と分裂支配の手段としてつくられた「差別制度」に組み込まれていった歴史的経過のなかで差別観念が生みだされ、下には下の……という人間観・差別観が醸成され、あたかも差別観念が人間生来のもの、人間の本性であるとまで思い込まされるような状況がつくりだされてきたのです。

そして差別と分裂の支配原理が巧妙に姿、形を変えながら明治維新以降も温存再生産され続け、現代社会にまで受け継がれ引き継がれてきているところに「差別は本性だ」と言わしめ思い込ませる根本の理由が隠されていたわけです。教育を例にとってみてもそうです。差別と分裂をあおり差別意識を助長するような「受験戦争」という名の教育戦争が激烈をきわめているではありませんか。一部のエリートと多数の勤労国民をふるいわける能力主義と差別選別の教育がまかり通っているではありませんか。就学前から、幼児教育の段階から、受験に打ち克つ知識注入獲得競争に憂身をやつす親や子の姿が巷に氾濫しています。

排他的、独善的、ダシヌケ、蹴落とせ、斬り捨て、置きざり、落ちこぼし……の差別選択の競争主義、立身出世主義教育の弊害は目に余るものがあるではありませんか。〇〇大学を卒業すれば高級官僚の卵になれる、有名大手一流企業に就職できる……。

かくて、大学が序列化し高校もまた序列化していく。大学高校の数だけの順位で学校が序列化、差別化されているという、〈士農工商〉になぞらえて〈普、工、商、農〉という学校種別差別的ランク付けは、学校差別教育差別を見事に象徴しています。

現代版・教育版「学歴身分差別制度」ともいうべき、恐るべき憂うべき差別と選別の体系化が教育界を覆いつくそうとして止まるところを知らない状況ではありませんか。

差別の一形態としての"いじめ"や低学力化、非行問題、激増する高校中退等々の教育の荒廃は、差別をなくそうとせず放置、温存、利用しようとするこの国の社会矛盾の一つの現象として現れているのではないでしょうか。

差別は人間の本性でなく政策的人為的につくられたものであります。社会的存在である人間は仲間と共に労働し生産し、集団の力で生活を守り発展させてきました。人間の手でつくられた差別（意識）は人間の力で必ずなくしきれると信じきりたいものであります。

目なしダルマ

1991年は、東京都知事選・大阪府知事選などを含め、全国統一地方選挙の年でしたし、1996年10月は、衆議院議員総選挙が実施されました。

国会議員選挙の場合などは、選挙結果の報道は各テレビ局は競って創意工夫を凝らし、即日開票風景など夜を徹しての放映で賑やかなことです。

ところで、その際、気になることが一つあります。当選にわきかえる選挙事務所で満面に笑いを浮かべた候補者が、大きな筆をもって、カメラ向けのポーズをとりながら「ダルマ」に目を入れる……という光景です。府県や候補者をかえながら何度も繰り返し、テレビの画面一面に写しだされるダルマの映像です。

いつもの見慣れてしまった光景で、多くの人々は何あやしむことなく見過しているようです。いつの頃から始められた「祝儀様式」なのでしょうか。このような習慣・風習は全国津々浦々にいきわたり定着しているようです。いったん "習慣" として根付くと、その見直しは、まことに難しいことです。

問題点も見えないし、気付かないし、考えようともしないものです。

宿願を果たし望みを達成した喜びを、苦労を共にした者が分かちあうのは当然のことです。だが何故、わざわざ片目をはずしておいたダルマに、当選したら目を入れるのでしょうか。1983（昭和58）年の統一選挙のとき、「和歌山県盲人協会」が、立候補予定者に、「目の不自由な人、障害をもつ人に不快感を与え、人間尊重の理念にそぐわないのでは……。

当選用の目なし『ダルマ』を使わないようにしてほしい」と呼びかける取り組みをされました。激しい選挙で「勝者」になる人達には、小さな声や訴えは届かないのでしょうか。

親の意見と茄子の花

〈親の意見と茄子の花は、百に一つの徒(無駄)はない〉 茄子の花は咲けば必ず実をつけるものである。無駄な花はないものである。

それと同じように、親の意見にはすべて無駄がないものだ。すべて子の為になるものだ。

だからどんなことでも親の意見は真剣にうけとめ聞き入れるべきだ。親の言うことに間違いはないのだから……。という意味である。

自然界や農作物の世界の動かしがたい法則と、過ちや間違いをおかしやすい一人の人間である「親」とを巧みに結びつけ、子どもに絶対服従を求め強いることにうまく道を開き地ならしをする役割を果たすのが、この諺の狙いである。

〈親の意見と冷や酒は後になってきく〉これも親の意見は、言われた当座は反発したり聞き入れなかったりするが、あとになってくるとその有難みが分ってくるものだ。あとになってでは手遅れである。今、言われたとおりにするのが正しい態度だという意味である。「お前の交際している相手は同和地区の人だ。身元調べをして分かっている。この結婚は認められない。反対である。親の意見に間違いはない。親の言うことは聞くものだ。親はお前が可愛いからこそ反対するのだ。昔から言うように、親の意見と茄子の花は……」という形で子どもの願いを封じ込め、結婚差別が押しつけられまかり通ってきたものである。

諺のもっている二面性の「マイナスの効用」といえよう。部落差別は可愛いから、為を思ってという「愛情の衣」を巧みにまとって出てくるので、浸透力はきわめて強い。

そこへ、これが世間の常識だと言って差別的な諺が登場するのである。その罪は重い。

３Ｋ意識を憂う

『寡婦われを扶(たす)け家計のおおかたを担う子二十二労務者にして』(小田原市Ｍ・Ｅ 朝日歌壇1991(平成３)年10月12日)

これを見て思わず知らず目頭が熱くなった。農業・林業・漁業・鉱業などの労働を厭(いと)い、工業・鉄道・運輸・建設・土木・清掃現業など汗して働くことを避ける傾向が、一部かもしれないがつよく見られる世の中であるが故に一層この歌が切なく胸に響いたのである。〈キツイ・キタナイ・キケン〉いわゆる３Ｋの敬遠である。もとより重労働・悪条件がそのままでいいわけはないし、人だれしもそれを甘受しなければならない道理は毛頭ない。

しかしそこを避けて通るだけでは問題の解決はない……。

22歳の若者が、父親の亡きあとの母親の苦労を扶け、くらしを双肩に担って立ち働く姿は健気で頼もしい限りである。

かつて同和教育不毛・差別選別教育がまかり通っていた頃。敗戦～昭和35(1960)年頃。

〈しっかり勉強せん奴は、〇〇点もとれん奴は、欠点ばかりの連中は、土方か、アンコにしかなれんぞ〉などと放言して憚(はば)らない教師達は、けして珍しくも少数でもなかった。アンコという語は国語辞典には載っていない。「日雇い労働者・労務者」を軽んじ、差別、蔑視していう俗語であり蔑視語の一つである。

被差別部落の子らは、ある時期〈そうか！ ソンナ先公の就職指導の世話にはならん！ 俺らは俺らで、仕事は自分で探してみせる、土方かアンコかヤクザにでも就職するわ！〉とあらがったこともあった。胸の痛む話である。

３Ｋ意識は差別を助長しないであろうか。

日本人とそっくりやないか

「朝鮮民族」に対する差別表現の典型的なものは二つあるといえるだろう。

一つは〈チョウセンめ、チョン公のくせに〉などの類であって、直接的で露骨な表現である。恥ずべき許し難い差別であることは言うまでもない。その二つ目が直接的な露骨さを示さないので少し厄介である。しかも発言者自身が「差別的意図をもっていない」と思っているので始末が悪いのである。

「まあ、あの人、そうなの、ちっとも知らなかったわ、だって日本人そっくりなんですもの。」という具合で、それ以後態度を差別的に豹変するというケースである。

このことは、被差別部落に置き換えても言えることである。昭和46(1971)年、埼玉県大宮郵便局・窓口差別事象は典型的なケースであった。部落解放運動団体の書記局員（女性）に対して

「あんたって顔は、部落って顔じゃあないね」という問題発言を行なったのである。この発言を裏返してみると「あなたは被差別部落の人には見えない。被差別部落でない、いわゆる一般（？）の、われわれと似通っていて全く同じに見えますよ」ということになるわけである。どういう顔をしていたら「部落という顔」に見えたというのであろうか。部落を〈異質、特殊、劣悪、低位〉と見る差別観念の露呈したものであって、まさしく差別発言そのものであった。

民族を異にしていて似通った面差しの姿、顔、形の人々がいないわけではない。似ている者を似ている、瓜二つなら瓜二つといって悪かろうはずはいささかもない。しかし「朝鮮人は朝鮮人」として尊敬されるべきであり親しまれるべきであって同じに見えるからではない。

この中に日本人でない人がいます
ハテ ダレダロウ

法律語の中の不快用語【差別語】

1981(昭和56)年「国際障害者年」にあたって、政府、厚生省は、医師法、歯科医師法、毒物劇物取締法など九つの法律から不快な印象を与えたり、差別的ニュアンスが感じられるなど問題になっていた身体障害者に関する不適切な用語のうち、まず「つんぼ」「おし」「めくら」の三つの言葉を、わが国の法律の中から追放する法律(案)を国会に提出、可決、公布をみた。

「めくら」は「目が見えない者」「つんぼ」は「耳が聞こえない者」「おし」は「口がきけない者」と言い換えられ改正された。

この翌年、1982(昭和57)年、総理府は、心身障害者に関する不快用語を法律から追放する第二弾として「不具」「廃疾」「白痴」の三つの言葉を取り上げ、「不具・廃疾」は「障害」と言い換え、「白痴」については「精神の発育の遅れた者」という表現に変える改正を行なった。

約140に上る法律が改正の対象となった。なお「障害」という言い方については、各法律の趣旨、文脈に従って「身体障害」「重度障害」など障害の程度や部位に応じた表現に変えられることになった。

このような言葉は長年にわたって軽蔑的、差別的な語感で使われてきたため、障害者や家族は、そのつど心を痛め傷つけられてきたものであった。差別の痛みと苦しみを感じる者の身になって言葉や表現を考え選ぶのは、マスコミはもとより、すべての国民が日常生活の中で心掛け守らなければならないルールではなかろうか。差別的な言葉が何の反省もなく使われる生活より、一人ひとりが考え直す社会の方が遥かに健全な社会と言えるだろう。

今日は法律語に言寄せて思いっきり差別語でいきまっせ

役所寄席

心の痛みを知る心

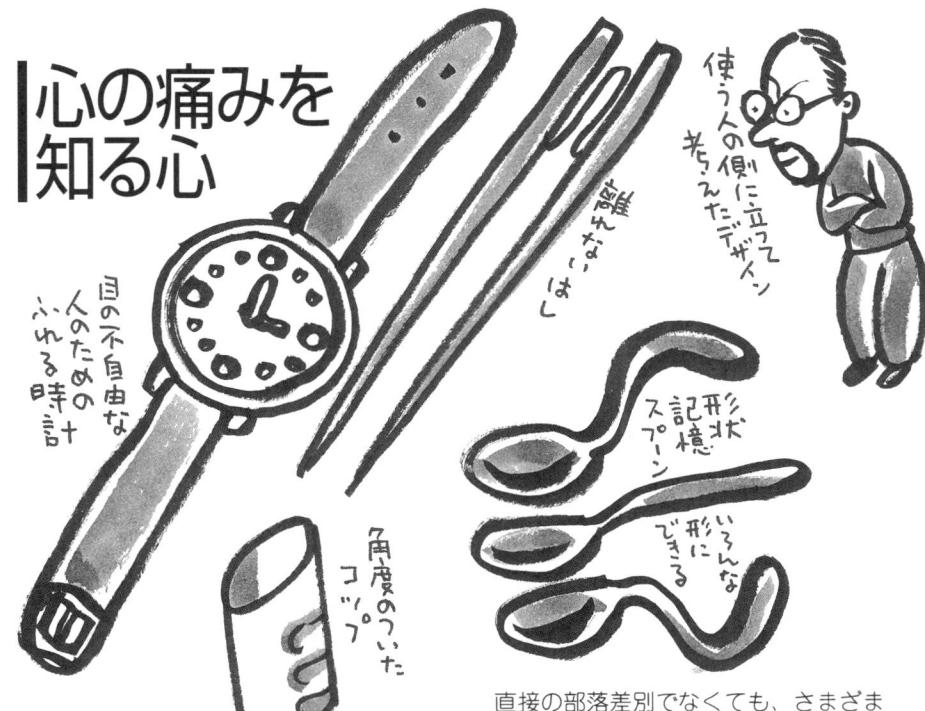

「わが身つねって人の痛さを知れ」という諺があります。

例えば自分の家族や肉親の死別であじわった悲しみや淋しさを通して、人様のそれを推しはかり心から哀悼の意をささげるのが人間として、社会人としての、ごく普通の処世のあり方ではないでしょうか。かけがえのない人間の尊さを差別で傷つけながら「つい何気なく、うっかりと、悪意はありません、水に流して下さい……」などの弁明にもならない、白々しい、非人間的な言辞を弄する人がいます。

卑劣な差別の刃によって傷つかない人間の心があるというのでしょうか。

"人の心の痛みのわかる心"がなければ、百万言の研修も空しいことの繰り返しにすぎません。「馬子も岸まで」ともいわれます。

直接の部落差別でなくても、さまざまな、差別、不利益、不平等扱いを、おしつけられて、よしとする"自分"であるのかどうか、最愛の父母、妻子、家族に何らかの、差別と屈辱が強いられ加えられたとき、それに甘んじて耐えられるものかどうか。冷たい傍観者の立場で無関心に見逃せるはずもありません。外国の例ですが、こんな話があります。耳が聞こえない人にも役立つ目覚し時計がほしいという新聞での訴えをみて、先生が生徒に工夫してみるよう指導されました。

一人の子が、ヘアドライヤーと目覚し時計を組み合わせ、セットした時間がきたら暖かい風がその人の顔に吹きかかる発明をしました。障害者の立場に立ちきって真剣に考え抜いたからこそできたことと思います。

差別（発言、落書）する者は水に書くが如く、差別を受ける者は石に刻む如しなのです。

いじめと人権

「いじめ」…苛める弱い者をいためつける(岩波・国語辞典)。「いじめ」……弱い立場にあるものに(強者が弱者に)わざと(目的意識的に)苦痛を与えて快感を味わうこと(三省堂・新明解国語辞典)。国語的解釈はこのような内容です。社会学的には「いじめは同一集団内の相互作用過程で優位にたつ一方が他方に対して精神的身体的苦痛を与えること」というように定義されています。

最近のいじめの特徴は、一つの集団において、ふだん一緒に暮らしていて、よく知り合っており、付き合っている人間同士の間に起こることだといわれています。誰かを、やっつけられる者・スケープゴート(いけにえの子羊)をつくり出すことで集団を成り立たせているという、集団の病理現象だというように指摘されています。今も昔も子どもの世界も、大人の世界も変わりはないように思います。"いじめ"は差別の一形態だと思います。日本社会の差別的体質の表れといえます。

子どもの世界の"いじめ"は、教育の荒廃、教育界の諸矛盾の吹きだしたものであるとともに、大人社会、差別社会の反映、投影以外の何ものでもないと考えます。

大人社会におけるいわゆる「マイノリティ(少数者)」(部落出身者、在日韓国、朝鮮人、アイヌ系住民、障害者など)に対する差別、抑圧、疎外…等の問題を、そのままにしておいて子ども社会の、「いじめ問題」の(当面の局所的対応策は別として)根本的解決はありえないでしょう。非人間的、反人道的・反人権的な、いじめをなくす道は、部落差別根絶の道と一つです。

子ども社会は大人社会のコピーだね

受験教育の正常化を

　毎年のことですが、春は卒業、入学、受験のシーズンです。心の痛む季節でもあります。

　ところで大学入試のあり方をめぐっては、いろいろと制度的改善の方策をめぐらして少しでも受験戦争の弊害を緩和しようと努力されていますが、必ずしもこれでよしとする良策は見当たっているとは言えません。

　中教審でも「特定、有力大学の合格者が、特定の高校出身者で占められている」と批判、特定中高一貫校の寡占状態をなくすため「中高一貫の進学校からの入学定員枠を制限すべきでないか」とさえ提言せざるをえない憂慮すべき問題状況が続いています。

　経済的に富裕な階層の子弟子女であって、特別な受験準備教育に耐え抜き勝ち抜いた者でないと入学できないような、特定の中高一貫校で、特別な受験教育を受けた者が、その合格者のほとんどを占めるなどという「有力大学受験」のあり方は、このままでよいものでしょうか。その特定中高一貫校では、同和教育は正しく実践されているのでしょうか。差別をなくし、人権を守り抜き、平和と民主主義を担うような人間形成への真剣な教育的いとなみがなされているのでしょうか。受験用知識偏重、詰め込み教育の一貫体制は、ダシヌケ、ケオトセ、オキザリ、キリステをあやしまない非人間的な、差別教育に堕してしまっているのではないでしょうか。

　共通一次試験とか、二段階選抜試験にしても、最初の試験の成績で一定の得点以下の受験生を選考対象から除外して、受験機会を与えないやり方です。試験で合格者と不合格者がでるのはやむをえないことですが、"足切り""門前払い"と称するのは許せないと思います。

不易・流行

不易とは、変わらないこと、不変の意であり、転じて私的生命の永遠性を言い表したもののようです。流行は流転・変化の相であり、その時々の新しい様相を意味しています。

万物は流転するという法則の、二つの側面を根元的に捉えれば一に帰するという哲理が、この「不易・流行」の語に込められているようです。ここで、このようなことを言いだしたのは、つぎのような思いが胸裡を去来するからです。

第2次大戦の敗戦後、日本の無条件・全面降伏により、「大日本帝国憲法」の改変は必至、不可避の緊急課題となり、当時の政府為政者を初め、在野の学者・研究者、政党を含め、慌ただしい動きがみられたところですが、その一翼に、当時、故近衛文麿公爵の委嘱によって、所謂「憲法改正草案」の作成に取り組まれた学者に、旧京都帝国大学教授・佐々木惣一法学博士がおられたことは周知のところだと思います。

その佐々木惣一博士は、生前、常々、学生や周りの若い弟子の研究者の方々に《真理に古い・新しいはない》というように力説しておられたということです。

佐々木惣一博士を敬慕して寄り集う若き法学徒や研究者の面々と、いろいろと議論を交え重ねるなかで、「先生、それはもう古いですよ」などと言おうものなら、佐々木博士は、すかさず、毅然として「君、そういうなら一言聞くけども、いったい君は、真理に古い、新らしいということがあるとでも思っているのかね。真理に古い新らしいということがあるのかね……」と問い返されたようで、これには取り巻く血気盛んな若手の論客、法学徒の面々も、粛として声なく、鳴りをひそめて恐れ入ったという場面が一再ならずであったようです。

〈真理に古い、新しいはない。真理は真理〉戦前の、わが国憲法学界で、〈東の美濃部達吉・西の佐々木惣一〉として、日本を代表する憲法学者としての名声を馳せられた重鎮・佐々木惣一博士の座右の銘だけのことはあると感じ入っている次第です。

この話は、縁あって筆者が、敗戦直後より、私淑し、門下生として懇意な指導をいただいた〈人生の恩師〉として敬慕していますところの今は亡き"人権派弁護士"として高名な、元日本弁護士連合会会長・和島岩吉先生より、懐旧談の一つとしても、先生の御機嫌のよいときなどには、しばしば引用され、〈時流に迎合することなく、新奇を追わず、一貫して、真剣に人生にたち向かうように、真理に古い新らしいはないのだから……〉と教えさとしていただいたものでした。

　あの〔徳島（ラジオ商殺人事件）再審裁判〕で数十年の長年月をかけ、故人となられた富士茂子さんの冤罪を完全に晴らし、無実、無罪の判決をかちとられたのも、〈真理に古い新らしいはない〉という信念を一貫して、持ち続けられたからであると信じているものです。

　ちなみに敢て筆を重ねさせていただくとすれば、このささやかな『部落差別と宗教』という読み物の中の、いくつかの教材は、古い新しいという物指しを当てはめれば、"古い"と思われるものも含まれていることと思いますが、それは筆者の人間的な古さと怠慢に由来するものとして深くお詫びするしかありませんが、佐々木惣一・和島岩吉両先生の流儀に、あやかって言わしていただければ、〈……その教材に新旧はあっても、含まれているであろう真理・真実に、古い新らしいはない〉という観点で、掬うべき一滴があれば、どうか心の受皿にくみとっていただければ、まことに、ありがたい次第というほかはありません。不易流行などと言いたてながら、あるいは真理に新旧なしなどと言い張りながら、その実は、おのが教材の新旧を覆い隠さんがための見え透いた強弁、語り草であったかもしれません。ただただ読者の寛恕を乞う次第。

一茶 漂泊・孤高・人間を歌う

小林一茶は宝暦13(1763)年に生まれて文政10年に65歳で没しています。

一茶の生誕の地であり、終焉の地は、信濃(長野県)の「柏原」です。

「……雲の下の、又、其下の下々の下国の信濃・奥信濃の片隅、黒姫山の麓なる、おのれすめる里……」と「俳諧寺記」に一茶自身が書きしるしているとおりであります。

黒姫も色気づいたか綿帽子(一茶14歳)
一茶の俳句は戦前・戦中・戦後を通じて、小学校・中学校の国語教科書にも載せられていて、広く多くの国民に親しまれているところです。

古くから、もっとも愛され親しまれている俳人の第一人者でしょう。

◇やせ蛙負けるな一茶これにあり◇われと来て遊べや親のない雀◇やれ打つな蠅が手をすり足をする◇めでたさも中くらいなりおらが春◇あふむけに落ちて鳴きけり秋の蝉◇これがまあついの住家か雪五尺

よく知られているものの中でも代表的な作品といえるでしょう。

しかしこれら教科書等を通じ広く人口に膾炙(かいしゃ)(広く人々の口に言いはやされること)している作品は、必ずしも一茶俳句の真髄を示しきったものとは言えません。

ちなみに俳句の数をみると、芭蕉は千句。蕪村は3千句。一茶はなんと2万句に上ります。

一茶に関する著書、評論も数多くありますが、明治、大正、昭和の時代を通じて皆一様に申し合わせたかのように肝心・要のところは無視され欠落され省かれて人目から遠ざけ埋もれさせてしまったのです。

差別的な日本の芸術・文化の体質と軌を一つにして、日本の俳句の伝統と秩序と殻にとじこもり、部落問題、差別問題を切り離すという差別的選別基準に立って、作品の編集作業などがなされてきたせいであります。

一茶の「穢多」「非人」に関して詠(うた)った俳句は隠され切り捨てられてきたと言えます。

◇穢多町に見おとされたる幟(のぼり)哉(享和3年・41歳)◇穢多町も夜は美しき砧哉(文化元年・42歳)◇隠亡がけぶりも御代の青田哉(文化5年・46歳)◇ヱタ寺の桜まじまじ咲にけり(文化7年・48歳)◇汚坊花の表に立にけり(文化7年・48歳)◇ヱタ村や山時鳥ほととぎす(文化8年・49歳)

徳川封建専制体制下、権力はもとより宗教者さえ冷酷・非人的差別・蔑視を加え続けていた中にあって、社会の底辺に生きる人々を「人間・一茶」は黙々と詠いつづけたのでした。

人間・一茶
どん底に歌う

◇隠坊のむつきほしたり蓮の花（文化11年・52歳）◇汚坊が門をそよそよ青柳ぞ（文化13年・54歳）◇くゎうくゎうと穢太が家尻の清水哉（文化13年・54歳）◇番丁やもやひ番屋の小夜時雨（文化13年・54歳）◇思うさま蚊に騒がせる番屋哉（文政3年・58歳）◇穢多らが家の尻より蓮の花（文政5年・60歳）◇正月や店を飾れる番太良（文政6年・61歳）◇朝々の朝茶のために花植えて今や非人の鴬のなく（文政8年・63歳）

一茶は「穢多・隠亡・番太・非人」をテーマにして、41歳の年から他界する2年前の63歳の年まで二十数年間の長きにわたって継続・一貫して追究・作句しています。ただ花鳥風月を詠む人々とは違い、稀有の人間観・自然観をもって作句していたといえます。しかし批評家の中には「高い気韻や幽玄性がなく、甚だ卑俗に庶民的であるけれども、主観の切実なる心情をひたむきに詠嘆し、俳句を真の抒情詩とした…」という人もいました。

芭蕉は俳聖であった。蕪村は芸術としての俳諧の地位を与えた学者であった。しかからば一茶はいかに。

「偉大なる野人の語を以て呼ぶ」「農民詩人、生活詩人、童謡詩人という方面から眺めて、このような傾向をかね備えた作家は日本文学史上、ほとんど一茶一人といってもよいくらいである。しかし一茶は俗人でどこにでもいるような人物であった…」「畢竟、一茶は煩悩執着の凡夫であった。旅の孤独と自由よりは寧ろ土着生活の人間味を求めた凡夫であった」「人間らしい感情が横溢していると云へば横溢している。しかし元禄の大家にあるような蒼古沈痛の趣はない。冷酷な評語を下すと、何処か髪結床の親方が敬服しそうな所さへある」「一茶の句は幼稚で皮肉なものであった。江戸では悪態をつくことが一つの芸であったが地方出の一茶はこの悪態を学んだらしい」読家の批評は、あまりにも人間的な一茶の詠い振りがお気に召さないように思えます。蚊、蠅、蛙、蚤、虱、乞食、穢多、非人、貧乏人を詠みつづけ、領主・将軍・天皇に至るまで権力者・支配者に尻をからげて屈しない生き方の一茶がうとましいのでしょう。◇何のその百万石も笹の露◇下々も下々下々の下国の涼しさよ◇我菊や形にも振りにも構はずに

信濃の国 乞食首領一茶

　俳句、短歌にかかわらず、日本の芸術、文化の世界では、多年、部落問題を切り離し意図的に排除してきたことは否めないでしょう。

　部落、差別に関わることは汚らしく恐ろしいことのように振るまってきたと考えられます。

　内なる醜い差別意識を覆い隠し包み隠しながら、口をつぐんで拱手傍観、外面は賢しらげに美しげに装いながら、さも高尚げに芸術を、文化を、美を論じもてあそんできた。

　醜悪な差別心を偽りの盛装で飾りたて、うわべだけを衒い、内面には富と権力の奴隷になる意識を潜めつづけているような"似非文化人"や学者・研究者、"疑似芸術家"には事欠かないのが現実の一面ではないでしょうか。それは今も昔も変わらない。一茶は文化7（1810）年12月、彼の書いた『我春集』の中の「発会序」という文章の末尾に〈しなのの国乞食首領一茶書〉とはっきりと自署しています。

蚤虱　一茶の目には　情あり

封建支配下の差別社会に拮抗し、昂然と被差別民衆の立場に立って生きることを宣言したのです。なんと強靱、純粋な一徹さであろう。俗にあって超俗、野にあって志高く、奴隷根性に訣別した俳人の面目躍如たるものがあります。単なる奇行、揶揄などで律しきれるものではありません。人間を痛めつけ苦しめて省みない「百姓と胡麻の油は搾れば搾るほど搾れる」「民百姓は生かさぬように殺さぬように」という苛斂誅求を窮めた封建支配に対する怒りと悲しみの迸り(ほとばし)であり、一茶の人間性の発露であろうと思われます。

　支配者の権威のシンボル化された「富士や桜」に示した一茶の作句の風刺の痛切さは、民衆に自信と明るさを取り戻させてくれるものです。

　◇有明や不二へ不二へと蚤のとぶ◇夕不二に尻をならべてなく蛙◇屁くらべや夕顔棚の下涼み◇蚤の迹(あと)かぞへながらに添乳哉◇陽炎(かげろう)や敷居でつぶす髪虱

　支配者の傲慢さと欺瞞を許さない思いを託し蚤、虱、蛙、尻…にも情念がこめられています。

　◇乞食子や膝の上まで今朝の雪◇御佛や乞食町にも御誕生◇美しき凧上りけり乞食小屋◇寒空のどこで年寄る旅乞食◇君が代は乞食の家ものぼりかな◇大江戸や犬もありつく初鰹◇天皇のたてしけぶりや五月雨

　権力・権威何のそのと見据える眼は、転じて雪に埋まる家なき子の膝頭にそそぐ熱い視線となって燃えあがっていくのです。

いのち一つなれば

いま、人間解放の地平に向けて、人・人・人がつらなって歩み続けている。滔々(とうとう)たる大河の躍動にも似ている。民主主義と社会進歩、自由と人権の確立のために、完全解放のよき日のために人はゆく。だが、その歩みを、足どりを、より強く、確かに逞(たくま)しく、そして速めねばならない。

戦後、直後生まれは、齢まさに「56歳」になった。戦後生まれが国民総数の半ば以上を占めるようになった。

〈平和的・民主的再生ニッポン〉を方向づけた"ポツダム宣言"で洗礼され、「新憲法と教育基本法」を"母なる乳"として育てられ、〈教え子を再び戦場に送らじ、銃をとらさじ〉として〈真実を貫き民主主義を確立する〉ことを標榜した、戦後の教育の中で教えられ、民主的人間形成を遂げたはずの「56歳人間」である。民主的人間形成を遂げたはずの国民がこの国の人口の過半数を占めるようになった。しかもなおかつ、反民主・非民主・前近代・半封建の牢固たる部落差別を変革、克服しきれないでいるこの現実は、「体制」「諸悪」と相まって「教育」もまた、その主体的責任を免れうるものではないであろう。

教え子をゆがめ、人間をゆがめる、その政治や社会の悪さを正すために主体的にどう取り組むのか、教育者としてどう追求し、どう教育実践に生かしてきたのか、生かそうと努力してきたのかが問われなければならないと思う。

　もとより、「教育・教育者」だけで、責任を持ちきれるものでも、取りきれるものでもないことは百も承知、二百も合点の上である。しかもなおかつ、教育は、教育者はどうだったか、だから教育者はどうあらねばならないのかをきびしく追求しつづけるところにこそ、教育の主体性が存在するというべきであろう。

　きびしくとも苦しくも、それをくぐりぬけて、地に足灼きし裸足の子……の思いをかきいだき、不退転の足どりで歩まねばならない。そしてその歩みを、足並み揃えて速めねばならぬ。

　歴史の夜明けは人間の手であけるもの。人間が、その闇のとばりを、おしひらかねばよき日の夜明けはやって来ない。

　平和と人権を希(のぞ)むものすべての、ひとしき"悲願"ではなかろうか。

　命あるものの一つの願い……。

　「いのち」一つなれば……。

差別はすれど
非道はせず?!
タテマエとホンネ考1.

「差別は悪い、ことだということぐらい誰でも分かっている。しかしそれはタテ前だけで、ホンネは」……云々の話は幾千万回、いたるところで繰り返し、むしかえしされて時久しくおびただしい。

しかし、はたしてそうか？ そうなのかと私は疑う。〈差別は悪い〉と心底分かって、しかも差別をしたり、手を貸したり、見過ごしたりしているのだろうか。

差別をする人の多くは、〈差別は悪い〉などとは心底からは思ってもいないし、考えてもいないのではないだろうか。……とも思う。

むしろ、〈差別はして当然、しないほうがおかしいので、するのが当然、当たり前〉と、信じ込んでいるのだ。……と言っていいだろう。そのように〈思い込まされて、思い込み、そのように信じ込まされて信じ込んでいる〉のだと思う。

戦中、戦後、食糧不足、飢餓地獄の真最中、米や、野菜や！「食糧買出し」に奔走した人々には「悪」の意識は心底に持ち合わしていただろうか。

生きるため、老先短い高齢の両親や、妻子家族を飢えしめないための、生きるための「善」なる営みとして食糧買出しに人々は汗を流し、苦労して奔走したのではなかったであろうか。

にもかかわらず、悪政のもたらす「悪法」の取り締まりのもとで、見つかると「没収」「罰金、刑罰」に科せられるのが、コワイ、オソロシイ、ワズラワシイ、誰しもがやっていて、公然の秘密だが、それでもバレて表面沙汰になると体面が悪い、世間体が悪い……あれや、これやで、「都合がワルイ」という意識が強かった、のが国民の心境の事実、実際ではなかったのであろうか。

だから見つけられ、捕まると、「ハイ、悪イコトヲシテスミマセン、二度トイタシマセン」と言うのだが……。

この例が当てはまるかどうか読者、識者の判断にお任せしたいが、私は、共通するものがあるように思う。
　〈差別をすること、そして、手おちなく、ぬかりなくやるために巧妙に身元調べをやって……と差別することが、わが身のため、息子のため、娘のため、家（族）のため……プラスになること（マイナスでなく、損しないこと）、煩わしくないこと、つまりよいこと、善なること、ためになること〉と、確信しきって「差別」万般をしている者が、差別をする者のほとんどを占めているのではなかろうか。

　それらの御連中様方は、〈タテマエとホンネ〉の全体を通じて、差別は悪いと思っているのではなく。
　〈差別したことが、バレたらコワイ、ウルサイ、責メラレル、糾弾サレテオソロシイ、ナンヤ、カンヤで、自分（達）にとって都合がワルイ〉と考えているのが実情、実際のところではないのか。
　それが、タテマエ云々の中身であり、ホンマのホンネの実際ではないのか。
　本来の意味に即していれば、〈タテマエとホンネの不一致〉は矛盾、撞着するものであるはずだ。
　そして、だからこそ自己変革、相互変革の出発点にもなりうるのである。

ところが、〈タテマエとホンネ、ホンネとタテマエ〉とも、差別をすることが自分（達）にとって善であり正であると考えている人々にとっては、そこに自己矛盾も自己撞着もありえないし、良心の呵責も自責、自戒の念もさらさらない。
　〈差別まるごと善かつ正〉と信じ込んでいる人（繰り返しになるが、実は差別政策の中で差別しあうように仕向けられ、信じ込まされてきて、差別をするよう信じ込んでいる人であるのだが）がけして少なくない数を占めているのが社会の現実ではないのか。
　それにもかかわらず、一方的に「タテマエでは差別は悪いと言っているが、さて、身近な関わりが出てくるとホンネのところ差別が出てくる」云々といった観点でとらえていたのであり、事態の実相を見誤っており、見当ちがい、的はずれというほかはないであろう。
　したがって、その上に立った教育的迫り方は核心を突き崩し難いものになってしまう。
　〈タテマエ〉の段階でさえ、〈差別は悪い〉という認識に達していない多くの人々の現実を見極めねばならない。
　そこのポイントを押さえきれていない「同和教育」は空転する。スベリ台に乗った「同和教育」ということになる。

　人間として、人間を差別して悪の意識なく、罪の意識なし……というところを、もっと鋭く、深く、えぐりきらねばと思う。ここの押さえが甘いと〈自己変革〉の基礎、根幹が揺らぐ。

ボクは差別とは無縁だ

■タテマエとホンネ考2．

　アンケートや、話し合いの場などで、「コワイ、ウルサイ、ワズラワシイ……から差別はいけません。差別は悪です……」と反応し、応答しているのは、表音記号・ハツオン（発音）としてそこに表示されている以上の何ものでもないのでないか。「ホンモノのタテマエ」になりきっていないのに自己防禦のための強くいえば詐術的な「タテマエ」めいた「発音」を「タテマエ」の認識の域に達していると早合点するところに誤算が生ずる。

　「タテマエ」では、かくかくしかじか……と言っているのは、そう言っている側の一方的、独断ではないだろうか。

　タテマエは少なくとも、「あるものごとについての、かくあるべし（ゾルレン）と当人が確信するものの見方、考え方」でなければならない。

　それは本人にとって、まさに「かくあるべし」ゾルレン（当為）になっていなければならない。世の、「タテマエ云々」話は、ゾルレン（当為）の埒外（らち）の語呂合わせにすぎないのではないか。しかも、ゾルレン（当為）は必ずしもザイン（実在）と一致するものではない世の中であってみればなおさらにである。

人間が人間に差別を加える

人間性復活

人間再生

人間性蘇生

差別はすれど非道はせず

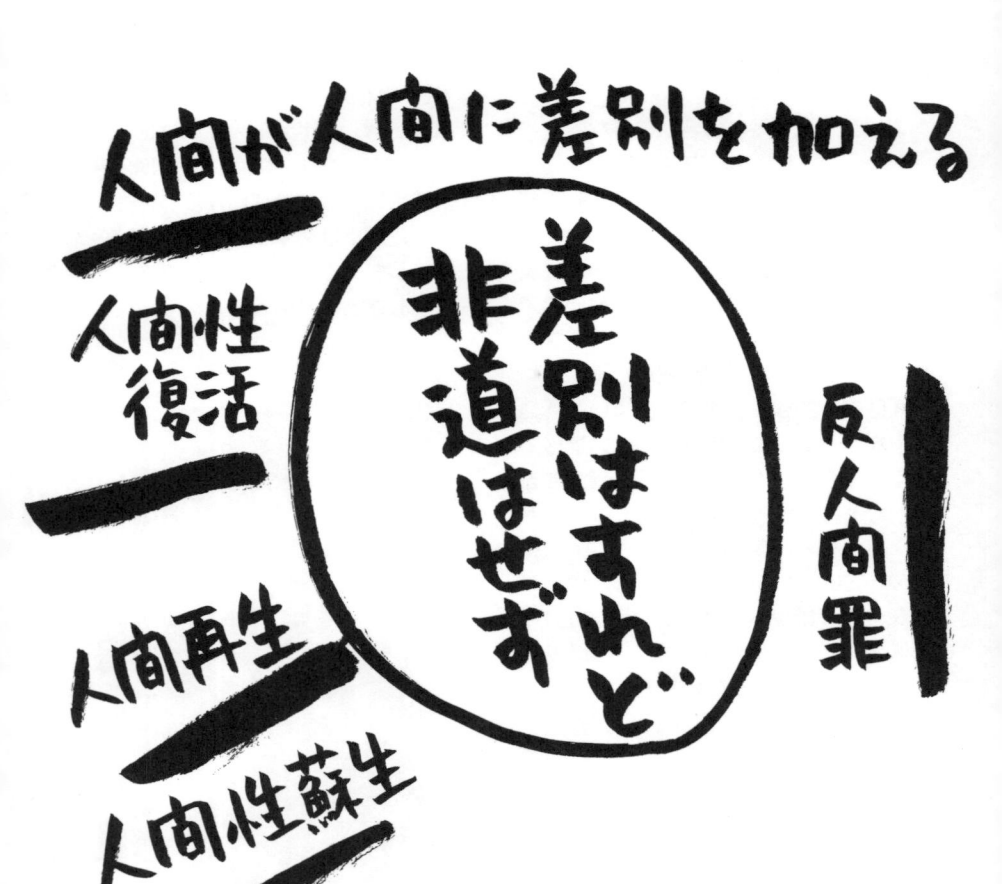

反人間罪

「差別はすれど非道はせず」……の感覚はまだまだ根深い。

悪事、非道はなすべきでないことは、百も承知、二百も合点のご一統様方、お歴々が、差別については露いとわず、心にかかる雲もなく、易々諸々と差別をしてまかり通る有態であり、態たらくである。

殺すなかれ、盗むなかれ、犯すなかれ、などと、諸々の「悪事」は悪いが、「差別」は別だ、の悪分別が、分別盛りの善男・善女をとりこにしている。

「分別あるはずの大人」達の、いわず語らず「暗黙の了解」のしたり顔なるこなた、あなたの実情、実態というのが有態のところ、というところがこの世の「無態」というものだ。

差別はしても非道はなく、人権侵さず、悪ならず……というのなら、〈人殺しはしても殺生はせず、戦さはしても平和は乱さず〉ということに相成るが、さてお立会い。

・この事の是非、当否はいかがなものでございましょうか。

「差別」をするように飼いならされ、思い込まされ、差別をすることの正邪、善悪の価値判断の基準を失っている人々がまだまだ多いのではないだろうか。

ことは犯罪である
人権蹂躙罪
人間冒涜罪

差別の罪深さを、冷血、冷酷さを、無惨さを、悪辣さを、……人ならば知れ、感じよ……と叫びたい。己や、己が、骨肉、肉親、縁者の生老病死、愛別離苦、苦悩の情を通じて重ね合わせ、正しい豊かな人間性のより深いところで受けとめてもらいたい。

　心願、念願、求願、悲願、熱願やまず
　　人多き　人のなかにぞ　人となれ
　　人となれ人　人となせ人

この言、百回、千回、万回、心静かな一刻に、夜、眠りにつき、いのちをいこい養うその時々に、己が胸に繰り返してほしい。目覚めて、なお差別に心痛まねば――。

また千回、万回……繰り返してほしい……。「差別」をすれば胸いたみ、心おののき、身うちふるえるのを覚えるまでくりかえしてほしい……。

　そこに、しっかりと的をしぼり、彼らの目のうつばりをとりはらい、凍てついた心の臓に、人間性の覚醒をうながす「矢文」を深々と打ち込み、熱血、血涙をそそぎこみ、人間再生、人間性蘇生復活の鼓動を脈うたせてもらわねばならない。

「差別の魔性」にとらわれた人々よ、とく解き放たれよかし……。

それを知りつつ（知ろうとせず）加える差別は社会的犯罪である。

責任の主体たりうる「個人」の行為としても「犯罪」である。

　人間冒涜「罪」である。
　人権蹂躙（じゅうりん）「罪」である。
　反人間「罪」である。

人間が人間に差別を加えることは「犯罪」である。

そのことによって幸せに生きる道をとざされ、生を断ち、死をよぎなくされ、人間存在の根底を脅かされ、侵される人間がいるかぎりそれは紛れもなく、「犯罪」である。

〈鬼哭愁々、万魁の涙〉は、あなたの目の曇りをぬぐいさり、自らの内なるうずきをよびさますにはまだたりないというのであろうか。

日本列島に生きる同胞よ。人でなしの道行はもう、やめにしようではないか。"いのち"を輝かせあう"人間"になろう。

　いわれなき差別になきし同胞の
　　うらみをこえて君よたちませ
朝の風に向って"いのち"ふるいたたそう。

難問・奇問

「同和」問題は、「人間」問題そのものだと思います。そして「人間の生き方」に関わる問題だと思います。「人間」問題だと言えます。

そこのところを、はぐらかしたり、混がらかすような話や、質問攻めに、時として出くわすときがあるのです。

「同和教育は、命(いのち)を大切にすることを根本にする教育だといわれています。

では、花や植木の剪定や、大根や菜っ葉の間引きや、芽を摘んだりするのは、同和教育の精神にもとるのと違いますか」

などという類(たぐい)です。

なるほどなあ、一理あるなあ、とは思いますが、返事に窮してしまいます。困ってしまいます。

人間は、通常、人間以外の、いきとし生けるものの、命を摂取して生きている、生き物なのですから……。

人間は、動・植物の「食物連鎖系統」の最頂点に立ち、人間以外の"いのち"ある動・植物を"殺して・食べて"生きているのが、人間生命の現実であり、厳粛な事実なのです。考えてみれば、厳しいことであり、また、悲しむべき現実と申す外はありません。

人間の"いのち"は、一切の、いきとし生けるものの"いのち"によって養われている、"いのちの中の、いのち""いのちの結晶"とも申すべきものだと存じます。

"いのち"あるものに対する畏敬の念、感謝の念は、このことを直視するなかから生まれるものと確信いたします。〔生かされ・生かし・生きている〕こんな尊い"いのち"の主体が人間です。〔いのち〕は絶対的に万人平等です。人種・民族・国籍・性別・身分…等々によって、上下、貴賤、尊卑、浄穢、軽重……の差別があっていいはずはありません。

ところで先の質問への答「それは貴方が散髪したり爪を切るのと似ていませんか。植木の剪定のことより人間の命の尊厳を自覚し人間同士の差別をなくす努力を」と答えていました。

心の受け皿

　JRや、阪急、阪神、近鉄など近郊各線に乗り合わせたときなど、よく見受けるポスターの一つに〈いつも心に灰皿を！〉というのがあります。人権の心の受皿に通じます。

　喫煙者のマナーを呼びかけるもので、男女の群像を名所旧蹟、社寺仏閣などを背景にした写真をあしらったものです。〈いつも心に灰皿を！〉という呼びかけは当を得た、的を射た好ましいものだと思います。

　1991度中の日本国内の「たばこ販売数」は3283億本で過去最高といわれています。タバコの害の医学的、科学的研究が進行中ですが、アメリカなどでは法律上の規制が一段と厳しさを増しています。

　だが現実には喫煙者と禁煙者がいるわけですからルールにかなった節度ある「喫煙マナー」と「分煙のルール」が必要だと思います。

　これも日常的な社会的課題の一つです。

　だが現状は「禁煙タイム」とされた鉄道各駅の待合室やホーム等で、平気な顔で煙草を吸い続ける人々や、吸殻をあたりかまわず投げ捨てるポイ捨て不法投棄組がまだまだ多く、そのあとを絶とうとしていません。都市の火事、山火事の原因の「ワースト・スリー」の一つは、火のついたタバコのポイ捨てだと指摘されているのが現実です。「自分の家の廊下や玄関先ではこんなことをする人はいないはずですが、駅や車内のトイレの便器に吸殻を投げ捨てられるのには大弱りです。詰まってしまって修理付替工事で使用禁止になったり、みんなが困り大変な迷惑です」清掃の仕事に汗していただいている方々は比較的高齢の方々が多いようですが、御苦労のほどもわきまえたいものです。

　些細なことに目くじらたてるなという声もありますが、それは当たらないと思います。ことは「人権感覚」に関わる問題だと思います。他人に不快・不便・不利益を一方的にもたらしながら、自分さえよければそれでよしということでは手前勝手です。それは「他人の人権を侵している」ことにならないでしょうか。

バカでも
チョンでも

「バカ」でも「チョン」でも、誰にでも、すぐにできる、使える、簡単なもの……という意味合いで用いられています。その代表的なものの一つが「バカチョンカメラ」です。

全自動撮影装置の携帯用・小型簡便カメラの宣伝謳い文句です。被写体である人物や風景にカメラを向けると、あとはただ「押すだけ！」という、キカイものに弱い向きには打ってつけというカメラの売り込み文句です。

「バカ」は馬鹿の意味であって、精神障害者に対する差別につながる表現であるという意見もあり全く関係なしという意見もあります。

「チョン」は「チョンコ・チョン公」の意味で用いられているとなると「朝鮮人」に対する蔑視・差別の観念の表れであって「民族差別」に関わる差別的表現になります。

インスタントカメラと言えば済む話ですが 殿下

1975年2月、エジプトから帰国して、NHKに出演した、皇族三笠宮寛仁氏が「バカチョンカメラをもって行くべきであった云々」という話をして物議をかもし、全国から抗議が殺到したこともありました。このように「バカチョン」発言への抗議は少なくありません。

だが「チョン」という言葉については「ちょっとした点のようなもの」あるいは芝居の幕切れ、幕間の拍子木を打つ「チョン・チョン」という音を表した言葉であり、ほんの僅かの間という意味合いを言い表しているものであって、「朝鮮人」とつながる言葉ではなく、朝鮮人差別とは無関係であり、差別表現などでは全くないという意見もあります。

「バカ」にしても「正直者がバカをみる」「ばかばかしい」「そんなバカな話があるか」等々、蔑視的、差別的意味合いを離れて用いられている場合もあります。しかしながら「バカチョン」云々が現実社会では〈誰にでもできる・劣った者にでも……〉等、人を軽んじたり、民族差別的意味合いを含めて使用されている場合が多いことは否定できません。「バカチョン」表現はできればやめたいものです。他に適切な表現や用語は十分あるのですから。

バカチョンて差別なの

市民・市民生活・市民的権利

権利て土地の権利書かい

市民だなんてオラ達ア村民だで

　ある県の山間部の農村の「同和問題研修会」に招かれて行ったときの話です。

　演題、内容等については郵便書簡や電話で、その町役場の担当課の方と打ち合わせた上で、「市民的権利と同和問題」ということにしました。堅苦しい感じがしたのですが結局そのように落ち着きました。

　さて船、列車を乗り継いで現地に到着。

　いよいよ研修会場に案内されて、設けられていた講師席に着いて満堂の参会者の様子などを一通り見まわしてみました。ついで私の今からの出番、本番の場である演壇（体育館兼講堂の舞台の上）付近に目を転じて思わずドキッとさせられました。舞台の天上付近から床に届かんばかりの長い大きな垂紙に、墨痕鮮やかに講師と演題が大書されているのですが、演題は「町民的権利と同和問題」と認められているではありませんか。打ち合わせをした時は確かに「市民的権利…」であったはず。

　これは一体どうしたことであろうか。

　司会者の方に合図を送り、そのことについて確かめてみました。慌ててどぎまぎしているのは私だけで地元の主宰者、役員一同、落ち着きはらったもの。曰く「先日、先生と打ち合わせをした時は、確かに市民的権利と同和問題ということでした。しかし地元町役場主宰者側でよく考え直してみたところ、私たちの所は○○郡の○○町ですから、町民であって市民ではありません。だから市民的権利というのはおかしいので、町民的権利とさせていただいたのです。書き間違いではありませんので御了解下さい」御了解下さいも何もあったものではないと閉口した次第です。

　○○村であったら「村民的権利」となるところだったのです。自治体規模と無関係なのに。

　「封建的支配・差別身分から解放され自由と平等の保障のもと一人ひとりが個人として尊重され人権を尊重しあって生きていく権利が約束された社会こそが市民的権利の保障された社会である」こんな勉強に汗をかきました。

奇抜な戦争絶滅法案

わが国の話ではありませんが、約70年前の1929(昭和4)年に、わが国に紹介された話です。平和なくして人権なく、人権なくして平和なし、戦争と差別の根絶こそは、まさに全人類共通の悲願です。20世紀末から21世紀にかけてのキーワードは〈平和と人権と環境を守る〉につきると言っていいでしょう。地球丸ごと破滅、崩壊、異変の兆さえある昨今です。

この話は一片の笑話にしてすますことのできない人間性の機微をついたものが秘められていると思います。一つ聴いてみて下さい。

長谷川如是閑という大新聞記者がおられました。大正7(1918)年、寺内軍閥内閣が大阪朝日新聞に対して行った弾圧事件のため朝日新聞社を退社、同じく退社した大山郁夫ら有志と図って翌年大正8年2月、雑誌『我等』を創刊し廃刊に至るまでの十数年間、巻頭言を書き続け大いに健筆を振るいました。その中の1929年1月号に、デンマークのコペンハーゲン在住のフリッツ・ホルム陸軍大将が起草して各国に配布した「戦争を絶滅させること受合いの法律案」という戦争反対抑止のキャンペーンを採りあげて日本の江湖に紹介したものなのです。

〈戦争行為の開始後、又は宣戦布告の効力の生じたる後、10時間以内に次の処置を取るべきこと。すなわち左の各項に該当する者を最下級の兵卒として召集しできるだけ早く最前線に送り敵の砲火の下に実戦に従わしむべし。

1. 国家の元首。君主たると大統領たるとを問わず。もっとも男子たること。
2. 国家の元首の男性の親族(16歳以上)。
3. 総理大臣、及び各国務大臣並びに次官。
4. 国民によって選出されたる立法部の男性の代議士。但し戦争に反対の投票を為したる者は之を除く。
5. キリスト教又は他の寺院の僧正、管長その他の高僧にして公然戦争に反対せざりし者。

＝略＝　実に痛快無比、溜飲のさがる思いです。

言葉と差別
暮らしの中で考える

わたくし達の言語生活においては、身体の各部位の名称を採って、比喩して表現することが多く見受けられます。

〈頭の痛い話やなー。頭痛の種や。〉難問題を抱えて困ったときのものです。

〈胸の潰れるような思い……〉たいへんな悲しみの様子を言い表しています。

〈胸糞の悪い奴だ〉胸の内が悪くなるような、気分の悪い、いまいましい奴だなーという意味です。

〈目の覚めるような鮮やかな出来映えだ〉おどろくほどの立派な仕上がり具合だという感嘆の気持ちを言い表したものです。

〈目障りになる〉見晴らしの遮げとなる、景観が損なわれるという意味とともに、見たくもない人、会いたくない人、見るのも嫌なやつだという意味で用いられます。

〈目をつむって下さい〉と言えば、見て見ぬ振りをして下さい、見逃して下さいという意味合いになります。

〈鼻ぐすりを嗅がす〉〈袖の下を利かす〉となると何らかの便宜を特に計らってもらうため金品などの付け届けをすることを意味します。それが強められると「賄賂」「袖の下」を贈るということになります。

〈足手まとい〉手足にまつわりついて身の自由を妨げること。活動の邪魔になること。

〈腰が抜けるほどに驚いた〉は大へん驚くありさまを意味します。〈腰巾着〉はいつも人に付き従って離れない人のこと。〈腰砕け〉は転じて物事が途中でだめになり続かないこと。

挙げれば枚挙にいとまがありません。差別と貧困のため教育権を奪われ文字の読み書きに不自由している人々を、あきめくら・文盲などと差別の追い打ちをかけるひどいことを平気で言い続けてきたのは、どこの国の誰だったのでしょうか。めくら判・つんぼ桟敷、などなど身体の障害部位をあげつらって問題表現・差別表現で、障害者を傷つける用語がまかり通ったのは、人権意識の稀薄さとともに、このような言語生活基盤があったからでしょう。

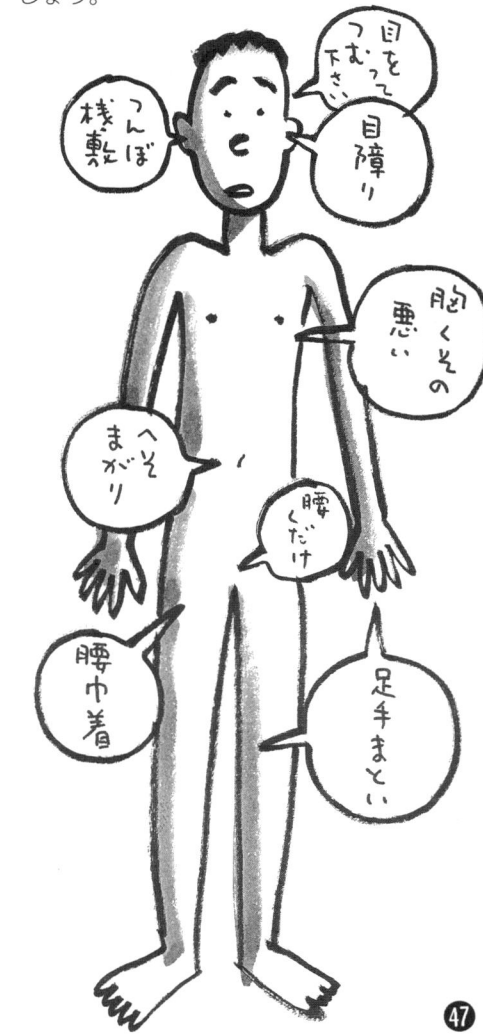

47

管見・「婦亡人・夫亡人」

世界には190カ国と20の地域があり、六十数億の人々が暮らしています。

世界の隅々のことは知る由もありませんが、わたくし達の国、日本の社会には「婦亡人・夫亡人」という言葉はありません。

あってもよさそうに思いますがありません。大方の賛成があれば創って使用すればいいのにと思ったりします。

「未亡人」という言葉は、夫に死別された女性、生き残っている「元・妻」を言い表します。そうすると、妻に死別した男性、夫婦の一方であった「婦」に先だたれ、あとに生き残っている「元・夫」たる男性を言い表す言葉は何でしょうか。

「配偶者を失って独身でいる者」を「やもめ」と言いますし「夫を失った女」の場合を「女やもめ」、「妻を失った男」を「男やもめ」と言い表していますが、「未亡人」に対応する言葉は見当たりません。

（寡婦・夫を失った女。鰥夫・妻を失った男。という言葉もありますが、「鰥」には、長じて妻のない男子。という意味もあるようです）

なおまた「未亡人」＝「いまだ亡くならざる人・死なずに、いまだ生き残っている人」というのは、あまりニュアンスもよいものとは思えませんがどうでしょうか。しかも未だ亡くならざる人、生き残っている人という意味から言えば、それは男女に関わりなく当てはまることと言わねばなりません。厳密に言えば、「男の未亡人・女の未亡人」ということになるはずだと思いますが、実際は、夫に先立たれて後に残った女性を指すものとして用いられていることは疑う余地はありません。この際、「未亡人」という旧態依然たる言葉に別れを告げてみてはどうでしょうか。「婦人を亡くした人・婦亡人。夫を亡くした人・夫亡人」にしてみたらどうでしょうか。亡き妻、亡き夫を忘れず慕いつづけるのも良き哉です。

未亡人は男性本位の表現ではないでしょうか。

差別化

差異とか区別とかいえばよい

■「差別化」か「差異化」か

近年、新聞や雑誌などの紙面で見受けることが多いように思うのだが、気になる言葉、表現が一つある。それは企業の「差別化戦略」を進めるとか、「差別化商品」「差別化製品」を作りだす、云々の記事であり表現である。

何故いま、企業が、経済界が「差別化」なのかと、いぶかしく思うのは私一人だろうか。

しかし、寡聞にして、それは、おかしいのではないか、もっと端的にいって間違いであり重大な誤ちを犯しているのではないかという指摘がなされたという話はまだ聞かない。

「差別化」云々の語句を平気で使う者も、それを無関心で見逃している読者も、双方ともに鈍感というか、無責任というか、一体どうなっているのであろうか。

必死になって「差別」をなくしきろうとして取り組んでいる人々にとっては、まことに解せないことであり残念なことである。

〈差別はしない・させない・ゆるさない〉を標榜している、人権啓発、同和教育の取り組みも、これでは全く形なしということになりはしないか。差別をなくそうという観点に真向から挑戦・挑発するような「差別化推進」を讃美するような経済界や企業人・評論家たちの姿勢や言動は許せないと思う。

同質、画一、横並び、後追い……の発想や姿勢からの脱却、克服を言いたいのなら、もっとほかに適切な表現や言葉がないのだろうか。

企業活動の〈個性化・独自性・創造性〉というような観点や表現もあるのではないか。

製品・商品の画一的、横ならび的状態からの飛躍をめざすのならば「一味ちがう○○味噌」というコマーシャルの例がよい見本ではないか。「わが社の独自開発製品は、並のものとは大いに違う、一味ちがう、より抜きんでた優秀なものだ」というのであれば、それは「差別化」という概念でなくして、

「差異化」という概念で表現すればよいと思う。独自性の追求・差異化のマネジメントと差別化は違う。

「表日本」・「裏日本」

　もとより"表"が良くて"裏"が悪いとは一概には言えません。一枚の紙にも裏・表があります。人間にも"表と裏"の二面性がないとは申せません。
　「あの人は陰・日向のない人だ」というのは、裏・表のない人、人が見ていようが、いようまいが、やるべきことを手を抜かず、真面目に一生懸命にやりとおす人を評価していう場合の、褒め言葉です。「陰・日向がない人」と「裏・表のない人」は同義語として用いられる場合が多いようです。善い人・悪い人・という善悪の価値判断や評価が含まれています。

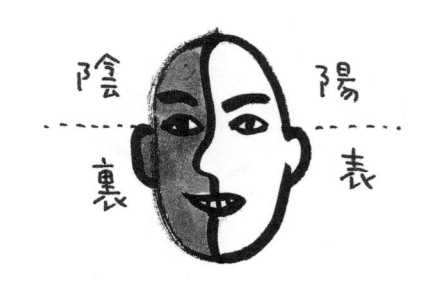

　一枚の紙の表・裏という場合は客観的な表現であって道徳的な要素は入っていません。「雪国」というのは「雪の多い地域」を気象条件に基づいて表現したもので、そのこと自体に善悪の価値判断が含まれたものではありません。
　「南国土佐をあとにして」とか「北国の春」なども、地理的、気象条件に適合した表現の一つです。

古来交易の中心はこちらだった

さてそれでは「表日本」「裏日本」という表現は、このままでいいものでしょうか。「裏長屋」という表現からは、「じめじめした安普請の貧乏住い」……などと、ともすれば連想しがちではないでしょうか。(予断と偏見)

ある国語辞典によれば、「裏長屋」裏にたてた(みすぼらしい)長屋。です。

"裏"は、こうなってくるとぱっとしません。

「裏日本」―本州のうち、日本海に面する地方の名前。←→表日本。

「表日本」―日本列島中、太平洋に向いた地方。←→裏日本

字典も、表日本・裏日本の説明にあたっては、さすがに「裏長屋」のときのように、(みすぼらしい)とはしていません。裏日本―本州のうち、日本海に面した(みすぼらしい)地方の名前。……とでもしようものなら大変な問題となることでしょう。

日本海に沈む夕日はいいぞお

山陰
山陽

「日本海に面する地方」とか「太平洋に向いた地方」とか、客観的に、地理的に説明しています。

〈裏日本・表日本〉は無神経な、一方的、独断的判断に基づいた心なき表現ではないのでしょうか。一方的な予断と偏見を生み、助長するものではないでしょうか。

〈日本海側、太平洋側〉でいいのではないでしょうか。

「裏玄関」「表玄関」と呼び慣らされていた場合も少なくなかったと思いますが、列島改造、再開発、地価高騰などで、どちらが表か裏か、逆転、様変わりの波が押し寄せ、実態面でも、そんな旧態依然の呼び名は色あせ、消滅した所が多いようです。差別をなくそう裏表なしに。

ちょっと角度を変えてるだけで今まで見えなかったものが見えてくる

呼び名・呼び方考

　ラジオ・テレビ番組でも、街頭でも、官公庁でも、随所で見受け、見聞する状況のひとつですが、アナウンサーやリポーター、その他様々な人々が、少し年輩の人に話しかけたり、マイクを向けたりするとき、「おじいちゃん」「おばあちゃん」と呼びかけていることが多いようです。それが、さも当然のことのように。

　「あなたのような、大きな、見も知らぬ孫を持った覚えはありませんよ。なんですか、いきなり失礼な、お婆ちゃんというのは、可愛い孫が呼んでくれる時だけで十分ですよ」ということになりかねません。

　年齢だけにことよせて呼ばれるのは、高齢者にとっては、淋しさを感じ、嫌な気のすることなのです。呼ばれる身（側）にとっては差別に感ずる仕打ちをされたことになっているようです。

　爺ちゃん・婆ちゃん呼ばわりしている側は、差別をしている側などとは露知らず思わず、全く悪意がなく無頓着に言っているのがほとんどでしょう。

　差別というものは、この例からも分かるように、やはり「差別される側」、そのことによって痛みを感じ、苦しみ、傷つく側（者）が、それは差別だ、やめてほしいと訴え、言いきることからしか解決への道は開かれないだろうと考えられます。

1984年につくられたイギリスの「社会福祉施設運営基準」には、自分がいったい何と呼ばれるか、名前の呼ばれ方についてつぎのように記されているということです。
　「施設の居住者は、姓名をはっきりと、また姓のみを、あるいは名のみをといったように、その人が自分の望むしかたで自分の名前を呼ばれる権利を有する。
　老人に対する呼びかけ方法、名前の呼び方は重要である。職員は決して老人に"あだ名"をつけて呼んだりすべきでない」

　名前の呼び方についてイギリスの社会福祉施設では「権利」つまり「人権」としての理解を示し、それを守ろうと努めておられるのです。
　病院や施設など、明らかに個々人の氏名が知りうるところで、年齢だけをとらえての呼び方は、一人ひとりの、かけがえのない人格と人間としての尊厳性を無視、軽視していることになるということに気付き、反省し、その克服をめざしておられるのです。
　呼ばれている側からみると不愉快に違いないと言えるでしょう。人権意識の高まりとともに、いままでは無自覚であった物事が見えだしてきたのです。
　すべて国民は個人として尊重される（憲法第13条）。

お年寄りには各人名がある　おじいちゃんおばあちゃんという名ではないのだ

ワシは……忘れた

ボクイチロー

ジョージといってくれ

ハイ梅子ですよ

ワタシ実はトキなの

消せばしまいか

「性（たち）の悪い落書き」が相変わらず続いています。「性の良い落書き」などと褒められたものがあるとは言えませんが、一過性で偶発的な、特段の悪意のない、他愛のない落書きといったものもあることは事実でしょう。

古くは「へのへのもへの」「太郎と花子の相合傘」「セックスに関する卑猥な用語や絵模様」などが、その代表格でしょう。

駅の公衆便所、公園の遊具などが双璧で、横綱クラスということになりそうです。

いま、この落書きをめぐって「落書きなどは消せばしまいだ」と事もなげに言い放つ向きが一部にあるようです。はたしてそうでしょうか。国語辞典によれば「落書き＝書くべきでない所に文字や絵を、いたずら書きすること、その書いたもの」というように説明されています。

例えば文化財や芸術作品などに落書きされると、現状、形質が変質、汚損、毀損されるということになってくると、文化財法なり軽犯罪法あるいは状況により刑法罰条（名誉毀損罪を含め）にも抵触することにもなり、責任能力のある者の場合は立派に（？）犯罪を構成することにもなりかねません。現状回復の義務と責任も生じ損害賠償の問題も生じてきます。

また今後の啓発・教育のためにも慎重な対処が望まれるところです。

匿名がひろげる
差別のワッ

どういう落書きか(いつ、どこで、どのような状態で、その内容は、どのような悪影響が考えられるか、落書き行為者が判明すればどのように対処すべきか、書き手が不明としても問題状況によってどのような対策が講ぜられるべきか等々)について問題解決に責任のある関係者間で確認・協議して、その後、消去等の措置が取られるべきではないでしょうか。その間、臨機応変、遮蔽する等は勿論のことです。

「○○は死ね、殺せ、追いだせ」などという民族差別、部落差別を教唆煽動し、人権抹殺を呼びかけるものを安易に見逃し許せるはずがないではありませんか。

これが市民感覚です。

差別落書きは許さぬが人権感覚であり常識です。

見つかったら消せばいいさ

差別落書きは差別意識の反映であり、差別体質の表面化したものにほかなりません。

そして落書者個人の例外的意識ならまだしも、いわゆる社会意識・病める社会の差別体質の一環であり、水面下の差別意識のヘドロの表面化・顕在化したものであるとすれば、問題は極めて深刻だと言わざるをえません。

同和教育・人権啓発活動はまだまだその役割の必要性・重要性を失ってはいません。

差別発言・差別落書をした者は、それが見つかり発覚すると決まったように、申し合わせたかのように次のように言います。「何の悪気もなく、ついうっかり言いました、書きました、なかったことにして下さい、水に流して下さい」と。そうか、そうかと軽々しく聞き流し見逃し、水に流せるものかどうか。

差別をされた側にとって、差別の一言一句は、胸がえぐられ心に深く刻み込まれるものです。

〈差別(落書・発言)をする者は、水に書く如く、差別される者は、石に刻むが如し〉
＝差別行為はその卑劣さで己れ自身の人間性を歪め、人格を落としめることに気付きたい＝

21世紀に差別を引き継がない！
5万日の日延べへの怒り

（イラスト内台詞）
- 庄屋ドノ お主も悪よのう
- これでよい
- エタと同等だなんて考えられぬわ
- 但五万日後施行 賤民解放令

明治4（1871）年8月28日。
〈えた・非人の称を廃され候条、これより身分職業とも平民同様たるべきこと〉という太政官布告・世にいう「解放令」が出されました。大和の国、旧高取藩に達したのは1ヵ月の後でしたが、家老は藩内の村々の総代を藩邸に集めました。I村（奈良県の部落）の戸長も呼び出され藩邸の広庭に土下座して居並びました。奉公の一人が奉書を取り出して解放令を読みあげ、「ただ今のとおり仰せいただされたにより、これより穢多、非人の身分はなくなり平民と同じになった。不心得のないよう十分注意せよ。天恩の有難きを思い諸事を慎み不作法のないよう役人どもはよく教えさとし取り締まるように。明治4年9月。」
とお告げを申し渡したのです。

ところがその夜、近郷の大庄屋の屋敷では、庄屋、村方役人達が鳩首密儀をこらし、解放令の空文化、形骸化の策略を練り上げました。
翌日、被差別地域の戸長は大庄屋に呼び出され次のように告げられました。
「実は、ごく内密の話だが、昨日の藩邸のお触れだが、お上の事情で5万日の日延べになった。わしらも今朝、お奉行様から告げられたばかりでなあ。昨日あんなに大喜びしていたお前達には気の毒なことだが、左様に心得るように伝えておく」

5万日といえば約137年に当たります。〈2008年7月19日〉がその日です。
2001年時点からは、あと7年です。
一体、何故このような悪だくみをして「解放令」をないがしろにし、大嘘をついてまで、被差別地域の人々の人間としての喜びを一瞬にして奪い取ってしまうのでしょうか。

大庄屋宅での密議を想像してみますと？
〈昨日の御触れには困ったことだなあー〉
〈そうだとも、小作に雇って働かせても、もう今までのように、ただ同様にこき使うことはできんようになってしまうぞ〉
〈それは食事や待遇にしても、土間にはいつくばらせて牛馬なみに扱うこともできんぞ〉
〈村の交際や、神社の氏子にしても、対等の取り扱いを要求されたらわけ隔てできんぞ〉
いままでどおりに、人間以下の人間として見下し、勝手気儘に、搾取し、支配下に置きつづけることができなくなるのが困るという、まことに一方的、差別的な、身勝手な考えに基づいてなされた謀略でなかったでしょうか。断腸の思い！恨みは深し"５万日の日延べ"夜明け前の苦難の歴史の一ページだったのです。

徳川封建社会のなかでつくりだされていた
〈胡麻の油と百姓は搾れば搾るほど搾れる・生かさぬように殺さぬように〉
〈下には下がある〉
という差別支配の思想が、藩内の庄屋・地主階層に、抜きがたい意識として沁み込んでいたわけです。身分差別の上に胡座をかきつづけようとする者達にとっては、この解放令は不都合であり、妨害の挙に出たものです。21世紀に差別を引き継がない！　は悲願です。

御一新とは呼び方を変えただけだ新平民とな

まだ差別は続くのかダマサレタ

孔子と啓発

「啓発」という言葉は、孔子の教えをまとめた「論語」にその源をもっています。

「論語」の中で孔子は「啓発する」といったのではありません。「啓発しない」といったのです。何故そんなことを言ったのでしょうか。「啓発」という言葉は、どんな意味をもっていたのでしょうか。

子曰『憤せざれば啓せず、憤せざれば発せず・一隅を挙げて、三隅を以て反(かえ)らざれば則ち復びせざるなり』(論語・述而篇)

「憤」とは「発憤」するという意味。なんとか理解したいという心(気持)が高まり、満ち溢れるような状態をいう、と解されています。

「啓」は、ひらく、導く、という意味。

「啓」は、大体の事は判っているのだが、はっきりと説明しきれない状態をいう。とされています。

「発」は、発する、教える、という意味。

したがって「啓・発」とは本来は「導き・教える」という意味になります。しかし孔子は＝自から学ぼうという意欲のない者は導かない。学問に志し、ほぼ理解できたが、まだ十分でなく、言いたいことが口に出かかっていないという、もどかしさを感じている状態の者でなければ教えない。

わしのやったことは神がかり的な行動をやめ人間自体の倫理を提唱したことかな

孔子

＝ものには「四つの隅」があるが、その一つを教え示すと、あとの「三つの隅」についても反応を示して答えてくるようでなければならない。もしそうでないならば、その人は「三つの隅」について積極的、主体的に学びとる心構えができていないのであるから、同じ教えを繰り返しても学習成果はあがらない＝と述べているのです。「真剣に、真面目に、やる気のない者には教えません」というのが孔子の「啓発」観だったのです。耳の痛い話ではありませんか。

「憤」し「発」する者でないと「啓」せず「発」せず、つまり「啓発せず」というのが孔子の考え方であったのです。

一方的な、押しつけ、詰め込み主義は、無意味で、学習効果はあがるものではありません。

〈馬子も岸まで〉という諺があります。馬子〈馬をひく職業の人〉が、馬に水を飲ませてやろうと思って川まで連れていっても、馬自身が、川の水を飲もうとしないかぎり、それ以上は如何ともするすべがない。手の施しようがないという慨きを言い表しているものです。学習者、研修者の、主体的、積極的な学習意欲をどのように創りだすか、よびさますか、汲みあげるか、かということが古今を通ずる課題だということを、つくづく考えさせられる話ではありませんか。

「馬耳東風」「馬の耳に念仏」「笛吹けど踊らず」などなど、無関心、無感動、無責任な態度を、どのようにゆさぶりおこし、学習意欲に点火するかということが、同和問題研修、人権学習、部落問題学習の、当面するもっとも重要な課題なのであります。

悠久4000年の歴史をもつ大中国の、偉大な学者、教育者、孔子様を嘆かした「憤せず・発せざる」者への慨きは現在にも通ずるものがあります。

現代社会の「啓発」

孔子は「憤・発」せざる者は「啓・発」せず、と喝破し厳しく断を下しています。

だがしかし現代社会にあっては孔子流に「啓発せず」とばかりは言ってはおれません。国民生活、社会生活をおくる上で、すべての人々にとって（その構成メンバーの一人ひとりにとって）、必要不可欠な学習内容（必要学習事項）や基礎的知識と考えられるものについて、それらの人々（国民や各社会の構成メンバーの一人ひとり、つまり学習・研修・必要者）に学習意欲も関心（課題意識・問題意識）もないときはどうすればよいのでしょうか。

人権・部落問題についての民主的科学的認識を、すべての国民のものにするということは、まさに喫緊不可欠の、国家的、国民的課題であることは言うまでもありません。

封建社会以来の差別政策、差別イデオロギーの浸透は広く根深く、すでに打ち込まれている差別の楔、予断と偏見の網の目にからめられた人々は、人権、部落問題に関する学習については「憤せず、発せず」の状態に低迷せしめられているのが現状ではありませんか。

孔子流に「吾、之を如何ともするなきのみ。吾、之を啓発せず」で済ますわけにはまいりません。自ら「憤・発」しない人々に、〈呼びかける・訴えかける・働きかける・気づいてもうらう、めざめてもらう、やる気をだしてもらう〉という、触発、誘導のいとなみが必要になってきます。この営みをこそ本来の「啓発」活動と名付けるべきなのです。

孔子の言う啓発に値しない人々に、啓発に値するまで高まってもらい、そして国民生活に不可欠の「差別と人権」についての正しい認識を広めきるのが、現代の人権啓発活動の使命であります。
　単なる知識の普及は「啓発」活動とは異なると言わねばなりません。
　ましてや「人権啓発」活動ともなれば、なおさらのことと言わねばならないでしょう。
　こんな理不尽きわまる差別が何故あるのか。
　こんな人権侵害が許されていていいのであろうか。……という「人間としての憤り」がなければ、結局は、単なる物識（ものし）りを増やしたという域を出ることはありません。極端な場合は「物識り差別者」をつくったということにもなりかねないわけです。

　孔子の言った「憤せざれば啓せず」という論語の教えは、まさに人権啓発活動にこそ、ぴったりと当てはまると言えるでしょう。
　「不当な差別に対する人間としての憤りを欠いている人には、啓発の営みはいたしません」孔子様が、もし現代の日本社会に居合わしたら、きっとそのように言われたに違いありません。
　昨今、啓発概念・用語は多様、多義にわたっていて必ずしも共通理解に達してはいないようです。
　ともあれ、「啓発」か「教育」かの二者択一でなく、啓発と教育は相互に関連しあいながら、本来の目的達成のため有機的な関係を保ちながら進めていきたいものであります。

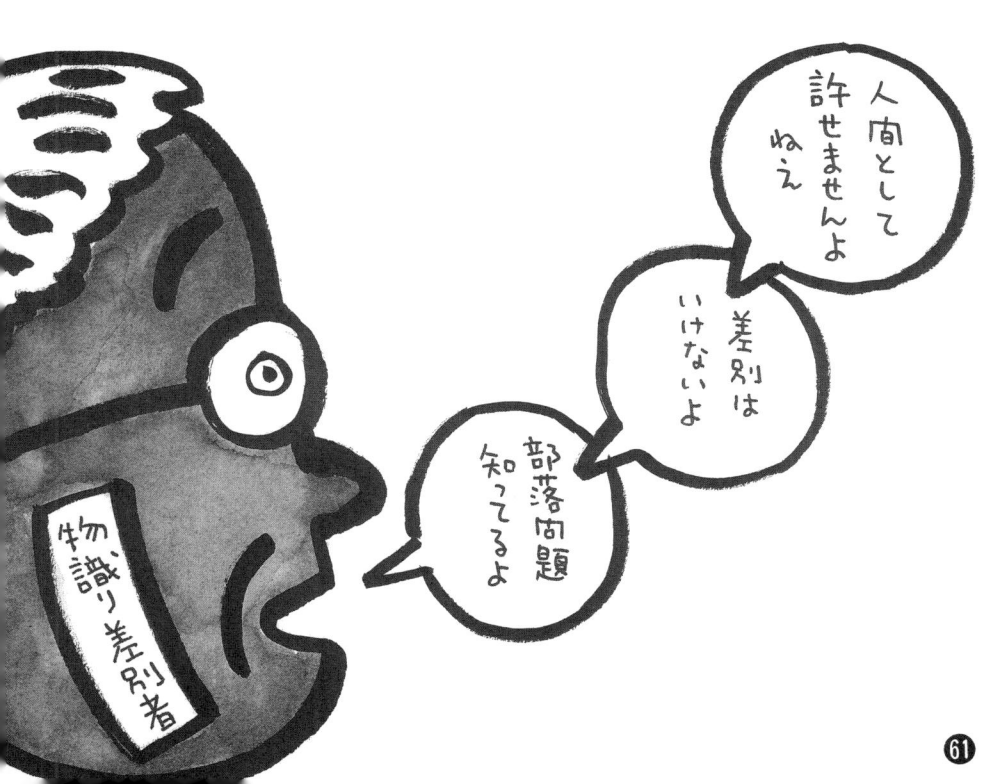

近代解剖教育記念切手

1.

「近代解剖教育記念切手」料額80円・意匠…前田青邨画「腑分」(部分)・印面寸法…縦25mm・版式刷色…グラビア6色・シート構成20枚・原画構成者…森田基治(郵政省技芸官)1995(平成7)年。

3月31日発行ということでしたので、筆者は、最寄の、奈良県桜井市内・忍坂郵便局の窓口で、一シート購入させてもらいました。横長の切手の右肩と下段の縁は金色で彩られ、重厚・風雅の趣に溢れています。しかし同時に、画面いっぱいに張りつめたような凛とした空気が漂い、一点を凝視する一同、二十数名の熱い吐息が伝わってきそうな気配です(居ならぶ面々は、みな医を業とし医学に志す人々ばかりです)。

それもそのはず、この画面こそは、いまを去る224年のその昔、1771(明和8)年の春のこと。江戸・骨ヶ原(小塚原)の早朝、〔観臓・解剖の見学〕の場面、本邦初の劇的瞬間を描いたものだからです。

時代考証の見識もなく、絵心もない筆者のことで甚だ心もとない次第ですが、この切手画面左寄りの下部に仰向けに臥せられた解剖のための遺体(刑屍)は、ほの白く描きだされた乳房の輪郭からして女性のものと察せられます。

ちなみに、骨ヶ原(小塚原)とは、江戸時代に、江戸千住(荒川区南千住)にあった死刑執行場のことです(古塚原ともいう)。

ところで、この日(明和8年3月4日)いわゆる〈小塚原の腑分〉に立ち会った当時の医学徒たちの中に、かの有名な杉田玄白、前野良沢、中川淳庵らの3人がいたのです。

　杉田玄白と前野良沢の2人が持参した『ターヘル・アナトミア』(オランダ語でかかれた人体解剖書)の図解が、きわめて正確であるのに驚嘆、感動した彼らは、その帰途、この本の翻訳を固く決意したものでした。杉田玄白はこのとき39歳でした。

　前野良沢の家を拠点にして、心血をそそぎ、一途に翻訳の難事業と取り組み、4年の歳月をかけて遂に完成し、1774(安永3)年8月、ついに『解体新書』として刊行されるに及びました。杉田玄白このとき42歳。

　教科書にも大きく掲載され、日本史(年表)にも特筆大書されています。日本における西洋医学の夜明けです。

　そして実は「小塚原の腑分け」の執刀者は、被差別民衆の一人「えたの虎松」の祖父(90歳)であったのです。

〔ちなみに小塚原の腑分より17年前の1754(宝暦4)年。京都の医学者・山脇東洋が京都の壬生の地で囚人の死体を解体したのが、公許を得ておこなった〈日本で最初の〉人体解剖でした。1994年は、丁度240年に当たることから、日本医師会、京都府医師会等でつくられた〈山脇東洋顕彰会〉が、全国の医師に呼びかけ〈人体解剖の供養碑〉と「東洋の墓碑」が再建されました。

〔京都市中京区裏寺町通六角上ル誓願寺墓地〕

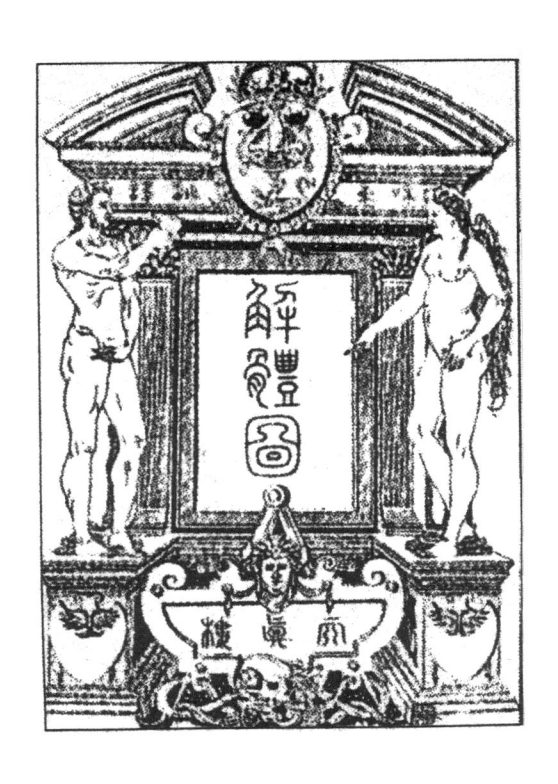

2.

　「杉田玄白」達が「小塚原の腑分」をみて発奮し、『解体新書』を世にあらわしてから31年目。文化12年(1815) 4月。
　当時83歳の高齢に達した杉田玄白が、蘭学創始をめぐっての思い出を書きつづり、〈上・下〉二巻の回想録をまとめあげました。
　題して『蘭学事始』。(岩波文庫『蘭学事始』参照)
　その下巻の末尾には、「……翁次第に老い疲れぬれば、この後かかる長事記すべしとも覚えず。未だ世に在るの絶筆なりと知りて書きつづけしなり。あとさきなることはよきに訂正し……わが孫子らにも見せよかし。──八十三齢、九幸翁、漫書す」
と記されています。

　さて、「近代解剖教育記念切手」の画面に関わる文章を『蘭学事始』・上下巻の中から、抜き出して紹介してみたいと思います。
　「これより各々打連れ立ちて骨ヶ原の設け置きし観臓の場へ至れり。さて、腑分のことは、えたの虎松といえるもの、このことに巧者のよしにて、かねて約し置きしよし。この日もその者に刀を下さすべしと定めたるに、その日、その者俄かに病気のよしにて、その祖父なりという老屠(ろうと)、齢90歳なりといえる者、代りとして出でたり。健かなる老者なりき。彼奴は若きより腑分は度々手にかけ、数人を解きたりと語りぬ。その日より前迄の腑分といえるは、えたに任せ、彼が某所をさして肺なりと教え、これは肝なり、腎なりと切り分け示せりとなり(……略……)。

老屠また曰く、只今まで腑分のたびにその医師がたに品々をさし示したれども、誰一人某は何、此は何々なりと疑はれ、候御方もなかりしといえり。良沢と相ともに携へ行きし和蘭図に照らし合せ見しに、一としてその図に聊か違うことなき品々なり（……略……）。

さてその日の解剖こと終り（……略……）和蘭図に差へるところなきにみな人驚嘆せるのみなり。

その日の刑屍は、50歳ばかりの老婦にて、大罪を犯せし者のよし。もと京都生れにて、あだ名を青茶婆と呼ばれしものとぞ。

帰路は、良沢、淳庵と翁と三人同行なり。途中にて語り合ひしは、さてさて今日の実験、一々驚き入る。且つこれまで心付かざるは恥づべきことなり（……略……）。

当時の医師玄白らの目の前で人体を腑分・解剖して見せ、五臓六腑を手にとって教え導き、『解体新書』を生ましめたのは、「えたの虎松」であり、「老屠夫」であったのです。

切手中央の白髪鉢巻姿は一老屠夫でしょうか。

……………………

〔ちなみに、日本の近代解剖教育は、1893（明治26）年に、東大医学部で開始され、近代解剖学の教育体制の整備が進められました。それから今日まで百年余にわたり、医学の基礎教育として日本の近代医学発展のため重要な役割を果たしてきたものです。日本の18世紀の解剖（腑分）の場面を描いた、前田青邨画伯の不朽の名作「腑分」の記念切手は、まことに意義深いものです〕

いつまで寝てまてばいいのだ
果報はちっとも来ない

Ⅱ部

宗教界は
これから
どうする

???！！

僧と差別

「こんな話が、おまんねんが……、
まあ、だまされたと思うて聞いとくれやす。
今どき、こんな話が、ほんまかなーと思いまんねやけどな……。」

これは、大和の国の、桜の名所といわれる、ある郡内での話。

1994(平成6)年の秋の季節。その年で、「90歳近い、さる宗門の、老僧」の述懐談だということで、その方の長男(仏門の大学を卒業し、ある自治体で行政職員・地方公務員)が話しをして聞かせてくれたものなのです。

「その宗門の、組(そ)に属する数カ寺で、年に何回かは会合がもたれるのですが、自分の出席・参加するときは、いつも決まって会席膳での食事となっていて、所用があったりして欠席・不参加のときは、すき焼鍋をつついたり、水だき鍋なり、なんとか鍋で、季節の食材をあしらって、みんなで、同じ、一つの鍋を、各自の箸で、つつき合ったりして楽しく食事に興ずるということのようなのです。

ホナおまえに般若経でも

エタ寺とは会席膳だ

同和地区の寺院の某老僧が、入りまじると会席膳。不参加のときは、同飲同食を楽しみ、打ち興じながらの会食歓談の一刻となるという。つまり同和地区の寺院の老僧がまじるときは、「同飲同食」の禁にふれるといわんばかりに、形の上だけは仲間づきあいめいた取りつくろいをするのだが、その実、食事をとるというような場合には、そのように、よそよそしい、差別的な接遇になる、いつまでたっても、このような垣根をつくって、わけへだてをする。これが宗門、仏門の寺院の僧たちの、することであってよいのだろうか。」

老僧は、口惜し涙を隠そうともせずに、語りつづけるのであった、というのです。

もし、そうだとしたら、それが事実だとすれば、そしてその意図するところが、差別・排斥であったとしたら、誰が言いだしたものなのか、言わずして、以心伝心でもって、差別（する側）の仲間づくりが、期せずして成立したものか。もし、そうだとしたら、まさに〈賣僧ども〉、仏を、そして仏法を、売りもの喰いものにする心なき悪党どもの寄り集まりにすぎない者達と言わざるを得ません。

悲しむべき、情けない話ではありませんか。

13の、いのち

　1924(大正13)年5月、当時の京都市の、「更生閣」から出版された、高橋貞樹『特殊部落一千年史』という書物の中に、第3章・部落差別の実情という箇所があります。

　そのⅢの中に、こんなところがありました。

　＝強い子供は堪へるが弱い子供は、惨めにも蹂りんされ特殊部落の名の下に生命をさへ奪われて行く。昨年(大正12年か。筆者)1月12日午後7時23分、呉駅を発した列車が同市外両城トンネルを出た第一踏切で一人の少年を轢殺(れきさつ)した。同じ日に踏切横の芝生の上に一人の小学生がうずくまり、指を1つ2つと折って13になると涙ぐんで、また1つ2つと数(かぞ)える。11、12、13、何度数えても少年は13きり数えない。線路工夫は働きながらじっと見守って居た。彼には不思議でならなかったのである。汽車が轢いた少年が13を数えた少年であった。同市(呉市)栄町18・勝間卯一の次男一勝と云い、学校の帰りらしく袴をつけ鞄を持ったまま覚悟の自殺をした。鞄の中のノートには涙にぬれた遺書があった。少年の父は男泣きに泣いた。

「私は、13までしか生きられない命だろう。私は、どうして此(こん)世の中に生れたんだろう。お父さん、お母さんを恨みます。

　私は今、13の年の、年をかぞえて死にます。

お父さん・お母さん・この恨みは、どうか晴らして下さい。　　　一勝より。
　父上様
　　　　　　　　　　　　　　　」

　一勝は、部落の子であったため学校の友達からは、いつも虐められた。これを慰める教師もなかった。物心がついていくにつれ人の世の果敢無(はか)さと暗憺(あんたん)たる自己の前途を望み見ては、少年の心には死を選ぶほかはなかった。

　その前後は大きく割愛したが、2002年は〔水平社創立80周年〕を迎える年です。この物語は、78年前のことですが、「もう、それは昔の話で……」と、過去の語り草の一頁に閉じ込める事ができればよいのですが。

江戸時代の「落首」落書のなかの、仏教・各宗派を、階層別に、端的に、なぞらえ表現したものが、あったようです。

　どのような狙い、思惑からでたものなのか、人の口に戸は立てられぬ——とは、いいますが……。宗門・宗教界も、所詮、浮世（憂世）の外には、たちきれないものか、などと考えさせられます。

落首の内容（図中）：

吹き出し（左側、日蓮の罵倒格言）：
- 律国賊
- 真言亡国
- 念仏無間
- 禅天魔

中央の層：
- 天子天台　最澄
- 公卿真言　空海
- 公方浄土　法然
- 侍禅　栄西・道元
- 乞食日蓮　日蓮
- 門徒それ以下　親鸞

右側注記：
- 浄土情なし
- 禅宗銭なし
- 法華骨なし
- 門徒もの知らず

(71)

靖国（神社）参り、をめぐって、国内外で批判の、うずがまいているようですが……。

　この国は、「神の国」発言をめぐって首相批判が一段と高まったりもしましたが……。

　少なくとも、昭和天皇は、自らは、神ではなくして人間であるという、至極当然といえば当然な「人間宣言」をなさったということは歴史的事実であって、誰も否定できないところだと思います。

　「靖国神社」には、戦犯（戦争犯罪人）が合祀されていたり、現在では、はっきりと合祀を拒否・反対しておられる元植民地の人々が万を以って数える多数の方がおられたり、クリスチャンであられた方々も、おられる由であり、政教分離という憲法原則からいっても、首相の８月15日の参拝については疑義があるようです。

　わたしのように戦争中を生き抜いてきた者にとっては、戦争中の、神社や寺院が、どうであったかは、まだ昨日の事のように覚えているのです。忘れようにも忘れられません。

戦争はロマンだ‼ 感動だ‼
若者諸君 ヤスクニで会いなさい。

こんな男に支持率80％だなんてどうかしている2001年秋の頃。

およそ戦時中、「戦争協力」をしなかった神社や寺院を、わたしは、知りません。（戦争反対、戦争非協力を断呼、つらぬいた少数の存在があったのかもしれませんが、わたしは知りませんでした。）

宮城遙拝、御真影奉拝、天皇と、一言でると不動の姿勢〈気を付け〉、武運長久祈願、必勝祈願、武運長久の護符・お守り。兵隊送り。

祝出征・入営、凱旋、帰還などなどの隊列を整えての参加。

〈ほしがりません勝つまでは〉〈米英撃滅打ちてしやまん〉〈神州不滅。神風が吹く〉〈兵隊さんは命がけ、わたくし達は襷（たすき）がけ〉〈大君の辺にこそ死なめ、かえりみはせじ〉〈悠久の大義に死す〉〈七生報国〉などなど。

戦争の非を説き、反戦平和の道に導いてくれた神社や寺院が、あったものかどうか、それはたくさんの人々が知りたい真実の一つです。

「人権」とは、「人間権」のことと信じます。

生まれてきてよかった——といって死んでいける世の中に、生きること。だと思います。

こんな世の中に「何故、生んだ」と親を恨まずに、生きていける、暮らしていける。

そんな世の中にしたいものです。

「親」も、そのまた「親」も、その周いには、「ナゼ・ウンダ」という五文字で問いつめられても、とても五文字では答えようがありません。

宇宙創成・人類誕生の〇〇億年、〇〇万年の単位の、遙かなる悠久の歴史を語りつくさねば、「ナゼ・ウンダ」の問いには、答えようがないのではありませんか。

若者死して神社はにぎやか

お寺も国にたてつくわけにはイカンのよ

いのちのロマン
水平・曼陀羅

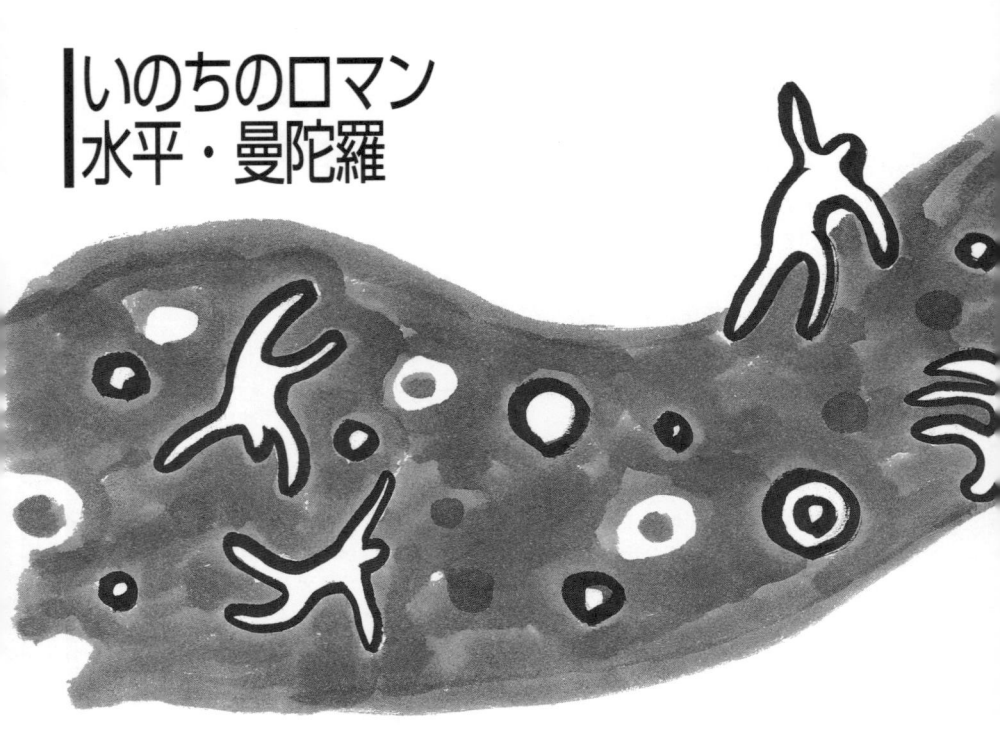

　ヒト・ひと・人。吾れも人なり彼も人なり。
　生きている・ヒト・ひと・人。
　死んで逝(い)ったヒト・ひと・人。

　もう既に、この地球の上で、いのちを享(う)け、いのち・を生きて、何百億の人々が、この世を、生きて、旅だって（旅去(さ)って）いったことだろうか。（一説では五百億人）

　いま生きている人も、既に生きて、通りすぎ死んでいった人も、それぞれのいのちを生き、いのちを燃やしていったのだ。

　いのち・なりけり。
　この世での、いのち・短かし……。
　いのち・なりけり・いよよ燃えたつ、いのち・なりけり。

　いのち・を生きる、いのち・なりけり。
　いのち・を生きた、いのち・なりけり。
　海・山・千里・のりこえ・踏(ふ)みこえ、したたかに、しぶとく生きた、いのち・なりけり。生きろ、生きろ、精いっぱい生きろ。
　あえぎ、苦しみ、絶望して、はかなく消えた、いのち・もあったが…。とことんまで生きろよな―いきろ、精いっぱい生きろ。
　もっと生きろ、思うがままに生きろ、自分を生かして、もっと生きろ……。
　他人の目を気にして、小さくなるな、他人の目を気にして、小さく生きるな、はた目を気にし、とらわれて生きるな、つまらぬ呪縛(じゅばく)に、わずらわされずに生きろ。

「極楽は、他所にはあらじ　吾が心
　　同じ蓮に　へだてやは　ある」
　これは、例年、４月末日から５月の初旬にかけて、大変賑わう"ぼたん"の花の寺として有名な、「真言宗・豊山派・総本山・長谷寺」（大和・桜井市）に程近い所に坐す、番外・別院「法起院」の創建者（天平年間・700年代の人）徳道上人が、今に語り継ぐように、教えの歌として遺されたものであります。「へだてやはある」の歌意は、「わけへだて・差別など、人の世に、あってはなりませんし、してもなりません」というところにあることは言うまでもありません。
　「生きとし生けるもの、ことごとく仏性あり」とりわけ人間同士・差別、わけへだてはあっていいものでしょうか。よかろうはずはありません。わけへだてなく一蓮托生・共に生きていきましょう。
　一蓮托生の思想というべきでしょうし、今で言うなら共生の思想とでも申すべきでしょうか。今から1200年も、1300年も以前に、差別根絶・人間平等の教えを掲げられるとは、敬服のほかありません。
　天平５(733)年のことですから1268年の昔のことになります。
　〔人間みな平等・差別撤廃の教育〕の元祖、本家はここ奈良県・桜井(市)の長谷寺別院・法起院かも知れません。
　そういえば「全国水平社」発祥の地も、ここ大和・奈良県であったことが忍ばれます。

そうだ「差別」なんて　つまらぬものだ、
差別なんて　つまらんぜ、古すぎるぜ、
恰好悪いぜ、じめじめ、ちまちま、
不細工で、見てられないで、こざかしいで、
煩いぜ、泣かせるで、笑わせるで、
もうやめようぜ、やめにしようぜ、
やめた、やめた、もうやめた、とりわけ、「部落差別」はもうやめだ、もうやめだ。

差別をなくすのが先だよ　だって　差別は人為だからね、なんと言っても差別は先になくなるし、なくせるね。きっとそうだよ。
地震一つとってみても、地球の活動、いとなみには、人智・人力は、まだまだ遠く及ばないものね。地震は無くせないが、差別は無くせるね。それが人権文化だよ。
ヒト・ひと・人。
　いのち・なりけり。いのち・なりけり。

わが水平行脚・断章

　〈レッテルを、はがして下さい〉（本文中）も、そうなのですが、是非、こんな悲しい思いをして生きてきたということを、一人でも多くの皆さんに知っていただきたいものと、かねて、わたしの胸中、そして篋底（きょうてい）で、あたためていたものがあります。それを、ごらん願いたいと存じます。順不同ですが、よろしく。

　　　　水平「第１巻」第１号
　　　　　　　　　秋　村　生
おのづから、すさびゆくなれ、容れられぬ
人の世なれば、にくき世なれば、
太陽も、ほろべ、人の世も、ほろべ
かくして吾等（われら）も、ほろぶべきなり。

　血涙、断腸の感慨が吾人の胸に迫ってきます。悲憤やるかたなき思いが伝ってきます。思へば、この深い傷口の痛みと、疼（うず）きが、人間解放への闘いのエネルギーとして、正しく昇華しうるか否かこそが、人の世に問われつづけてきたのではなかったのでしょうか。
　もっと光が、ほしいのです。もっと生きる力がほしいのです。もっと希望をもちたいのです。幸せに生きたいのです。みんな楽しく暮らしたいのです。
　燃えあがるような恋もしたいのです。
　愛しあえば、祝福されて結婚もしたいのです。
　悔いなき青春を送りたいのです。
　生き甲斐の、ある人生がほしいのです。

人の世も滅べ
かくて吾等も
滅ぶべきなり

——そんな切実な声が、胸の、ひびきが、聞えてきませんか。あなたの耳に、心に……。

とりわけ、宗門のみなさま方……。如何ですか、きこえてきませんか……。

＝人の世も滅べ、かくて吾等も滅ぶべきなり＝

いま、これ以上の差別・とりわけ、部落差別に対する怒りと抗議のコトバを、わたしは知らない。敢て付言すれば、かく言おう。〈部落差別を利用する、あくどい非人間的なことはやめてほしい。部落差別を利用して、金儲けをする、ことだけは、やめてほしいと〉

大きな石を動かすために、あと一人の力が要るという時、おまえが手を出して欲しい。悔いなき人生のために、自らの手で、

「わが子へ」　　　　　西岡多恵

重い鎖につながれて、お前は生れてきた。おまえが悪くないけれど、何の因果もないけれど、それでも、おまえは「部落の子」という鎖につながれて、これからの一生を、あるいは辛く、あるいは苦しく、あるいは、みじめに、生きねばならないかも知れない。その昔、「部落」というものがあった所が、おまえの親の生れたところ。ただそれだけでさげすまれ、しいたげられて私達は育った。お前のためを思うなら、同じ苦しみを味わわせないために、生まなければ良かったのかも知れない。でも私は、おまえを生んだ。

大きな石を動かすために、あと一人の力が要るという時、おまえが、手を出して欲しい。悔いなき人生のために、自らの手で、

鎖を断ち切って、雄々しく育て、わが子よ。

（部落解放詩集『太陽もおれたちのものでないのか』解放出版社より）。

切々たる、この母の叫びに胸が潰れる思いです。"生まなければ良かったのかも知れない。でも私は、おまえを生んだ"

わたしたちは、どう応えれば、よいのでしょうか。

宗門・宗教者の方々は、どのような、導きを、してくださるというのでしょうか。

見れども観えず、聞けども聴かず、われ関せずの傍観者では困るのですが。

身もと調べ 1.

　国・公社・そして現在は民営と変遷をとげてきた、ある全国組織の企業の、近畿ブロックの、「人権・同和問題研修会」での出来事です。筆者が、その場・その日の研修講師でしたから、この話は伝聞（また聞き）ではありません。正真正銘の話しです。（約10年ほど前に遡った頃の話です。10年一昔とは申しますが、この10年で事態が一変し、なにもかにも、掌をかえしたように様変わりしたようには、なかなか、思われないのですけれど……。）

　〔身もと調べ・規制条例〕1985（昭和60）年（大阪府・制定）の話なども交えながら、約２時間の研修講話を終えましたが、会場の一隅から、某自治体内に住居があり、○○○宗の某寺院から、月に一度の「壇家まいり」で、住職がみえるのだが、先般も、来宅の際「なんといっても、縁談縁組となれば、身もと調べをキチンと丁寧にやらないとあきません。身もと調べ、お断り運動などと、タテ前だけは綺麗なことをいうてますが、あんなものは、あきません。ホンネと建前は、うまく使い分けなダメです。身もと調べは、キッチリとやらねばなりません。なりゆき、都合によっては、うちの寺の方で、お手伝いはさせてもらいますよってになー……」という話でした。

（うちの寺でお手伝いさせてもらいまひょ）

（タテマエとホンネは使い分けなあきまへん）

（身もと調べはていねいにやらなアキマヘン）

（そうでっしゃろ）

（なるほど）

（ごもっとも）

「わたし達は、今日も、こうして、身もと調べは差別に通ずるという話も聞き研修も受けていますから、まだましとしても、研修もテキストも全然、見たことも聞いたこともない人達も沢山いると思います。あんな、うちへおまいりにくるお寺の住職みたいなことを平気で言い歩いたりしてたら、つい、信じこんでしまいますわな。もっと本山というか、○○運動本部というか、目を光らせて、第１線の、壇家参りをする僧侶に、差別を、ばらまき、ひろめるようなことを、言わさないようにしてもらいたいのです……」という話でした。お説・ごもっとも……と言うほかはありません。笛吹けど踊らず。本山や、推進本部の方針は、まだまだ浸透していません。

差別はイケン

なんそゆうてんのか

小そうてここにまで届きまへん

12.

　日本列島の、南の国での話です。(南の国といっても、「南国土佐」という歌もあることですので、ここでは、九州ということだけは言っておきたいと思います。九州の某県です。)
大阪や奈良(河内・大和)方面では、(宗門によっては一概には申せませんが)お寺さんが門信徒の各自宅へ訪問して、いわゆる「お経」をあげる……という方式が定着しているように思いますが、ここ九州の某県では、門信徒は、それぞれ所属の、お寺へ、月詣りにでかけるということのようなのです。
　そして、お墓にも詣うでて、お供えの花を丹誠こめて捧げられるようです。(生花の消費(販売量)量は、「日本一」ですと耳にしたことがあります。お墓詣うでの、生花のお供え花の故か、どうかは、わかりませんが。)それはさておき、この県の、ほとんどの宗門では、「身もと調べお断り」の表礼などが張りだされ掲げられています。ところが、大変なことを聞いてしまいました。7～8年ぐらい前の話ですが……。いわゆる「寺族」の中心的存在であり、隠の、実力者としての存在である、いわゆる僧侶(住職)方の、配偶者(妻)の方々の、組織の、世話人・代表者格の方の言われるには……。

「私らも、いろいろと、口に言われない、表に出せない苦労や思いを一身に担って、寺を支え、宗門を守ってきています。年に一度や二度の、慰安旅行もして身心を慰労しなければやっていけません。身がもちません。ああだ、こうだという日頃の愚痴の出し合いも必要ですし、寄り合いをするとなると茶菓代もいることですし食事代・飲物代・部屋代と費用も、いろいろ嵩ばります。自腹をきって持ち出していては世帯も、もちません。永い間、そんな費用を賄なってきてくれていたのが、『身もと調査』『聞き合わせ・問い合わせ』の協力の謝礼の、お金なのです。このお金が、わたし達の、いわば裏金・軍資金なのです。そりゃ、人権尊重とか、プライバシーの尊重とかは、建前としては、大切にしなければというのは、分かりますけれども……。

　わたし達を、楽しませてくれている大切な収入源を断ち切ってまで、わたし達は、身もと調べ、お断り運動に協力する気も、そのいわれもありません。表向き、そういう動きが強まってくれば、かえって、わたし達としては、値うちが上がって結構なことですねえ……」

　これは、驚き、桃の木、山椒の木……というほかはありません。

彼女方は、また、このようにも言っています。

「昔は差別は、きつかったけど、今では、もう、そんな差別はありませんよ。うちの寺でも、同和地区の人もいれば、そうでない一般の地区の人も沢山おられますが、それはもう、皆さん、仲よくやっておられますよ。月々のおまいりに、寺へやってこられ、本堂にあがられますが、同和地区の人があがっておられるときは、一般地区の人々はそこへあがっていかれませんし、一般地区の人が本堂にあがっておられるときは、同和地区の人は、そこへあがっていかれません。うまくやっておられますよ……」

差別をなくそう、身もと調べはなくそう、各寺院も、興信所や、悪質な、身もと調べに協力することはやめて、正常化しよう……というのは、これでは全く絵にかいた餅という外はないように思うのですが、如何でしょうか。

この県の、この宗門の、各寺院での、今日の実態は、はたして、どうなっているというのでしょうか。

寺族の、慰安旅行・親睦会・慰安会の費用に充当するために、「身もと調べに協力する」「それが寺の台所（財政）を預る者の腕のみせ所です」という、僧侶（住職）の妻女（宗派によっては「大黒」ともいう）のお詫宣なのですが…。これも５〜６年で、７〜８年で、根本的に変革できたのでしょうか。そうである事を念願してやみません。

なんや同和きてんのかまたにしとこか

仏の教え未だ成らず

宗教界はこれからどうする

同宗連・結成の原点に、かえって

「結成20周年における決意表明」

　私たち宗教者は、1981年3月17日、東京砂防会館において「同和問題に取り組む全国宗教者結集集会」を開催し、爾来「同和問題に取り組む宗教・教団連帯会議」として、歩みをつづけ、ここに結成20周年を迎えた。

　この間、「同宗連」加盟各教団では部落差別をはじめとする一切の差別を解消することが、宗教教団の使命であると自覚し、各々の教義と基本精神に立ち返り様々な活動に取り組んできたのである。

　現代社会において、ようやく人権に対する意識も高まりつつあるが、依然として厳しい差別はあとを絶たない。

　今こそ私たち宗教者、宗教教団が深い信頼のもとさらに連帯を強固なものとし、人権確立と恒久平和実現のため、なお一層の実践努力に邁進するときである。

　「同宗連」結成20周年を機に、これまでの営みを反省するとともに、改めて結成の原点である「宣言」を確認し、思いを新たに差別解消へむけて、日々の実践に努めることを決意し、表明するものである。

宣　言

　天のこえ、地のこえを別のものとして、われわれ宗教者は、神の栄光を讃え、ほとけの徳を語り、まことの道は天に通ずとのみつたえきたった。すでに60年前、水平社宣言における

　「人の世の冷たさが、何んなに冷たいか、人間を勸る事が何んであるかをよく知っている吾々は、心から人生の熱と光を願求禮讃するものである。
　水平社はかくして生れた。人の世に熱あれ、人間に光あれ。」

という大地の叫びをどううけとめてきたか。いま、われら、ここにあらためて、大地に立ち、一切の差別を許さない厳しい姿勢を律しつつ、相携えて、あらたな宗教者たらんことを宣言する。

1981年3月17日
「同和問題にとりくむ全国宗教者結集集会」

　同宗連事務局は、本年(2001年)は、「曹洞宗・宗務庁内・曹洞宗人権擁護推進本部」が担当していただいている。その事務局より、

　この「結成20周年における決意表明」は「宣言文」とセットになっているので、「決意表明」等引用掲載の場合は、「宣言」もいっしょに掲載するようにという要請もいただいていますので、20年前の3月17日の、「同和問題にとりくむ全国宗教者結集集会」の記録（抄）の中でも重ねて「宣言」がでてきますが、重要性の再確認ということで了承方を、お願い申しあげる次第です。

―では、20年前の、「同宗連」結集集会の様子を振り返って見てほしいと思います。

（「よびかけ」は1981年2月16日。316教団へ、よびかけて、51教団が参加。）

しっかり してくれよ
世界中の人間たちよ

日蓮　　キリスト　　モハメッド

同和問題に取り組む

全国宗教者結集集会

日　時　1981（昭和56）年3月17日（火）
　　　　13：00～16：00
会　場　砂防会館（ホール）
　　　　東京都千代田区平河町2丁目7番5号
　　　　電話　03-261-8386
主　催　「同和問題にとりくむ全国宗教者結集集会」
実行委員会
大本・カトリック正義と平和協議会・浄土宗・真言宗・智山派・真言宗豊山派・浄土真宗本願寺派・真宗大谷派・曹洞宗・天台宗・天理教・日本キリスト教団・日本キリスト教協議会・立正佼成会・臨済宗妙心寺派（50音順）

よびかけ

　われわれは、社会に、宗教者を名告る者である。宗教者は、教えの心をこころとして生きる者である。
　しかるに、その心にそわぬ、あやまちのいかに多かったことか。しかし、このあやまちは、深き反省において、また、教えにつながりうる。
　神の国・佛の国を願うことは観念ではない。社会の事実を見すえ、積極的にかかわる生きざまにこそ、その証しがある。
　今やわれわれは、あたえられた平等の慈愛にたって、世界の人権、そして日本の部落差別の事実を、自己自身にかかわる問題として受けとめ、自主的に歩み出すことを確認する。
　ここに、あらためて、深き反省のうえに、教えの根源にたちかえり、同和問題解決への取り組みなくしては、もはや、日本における宗教者たりえないことを自覚し、ひろく、宗教者および宗教教団に、実践と連帯をよびかけるものである。
1981年2月16日

　　　　　　　　　　　　浄土真宗本願寺派
　　　　　　　　　　　　真宗大谷派
　　　　　　　　　　　　天理教
　　　　　　　　　　　　日本キリスト教団
　　　　　　　　　　　　　（50音順）

反省

挨拶 (実行委員会代表)

　本日ここに、重要なる国民的課題としてある同和問題の解決をめざして、初めて、各教団、各宗派が一致して結集されることに深いよろこびを表明するものであります。

　しかしまた反面、過去、このような機会をもつことを得なかった、深い責任を思うものであります。

　宗教者として、当然取り組まねばならなかったことに対して、われわれ自身の姿勢が、今日の結果を招来したといわざるを得ません。

　申すまでもなく、人類普遍の原理である自由と平等への願いは、世界人類の願いであり、平和を約束する原点といわねばなりません。しかし、悲しくも現状の日本には、差別事件の発生数が、目に見えるだけでも年間三万件以上にのぼるという部落差別の事実が厳然と存在することは、毫も許されない問題というべきでしょう。

　根強く残る差別意識が、個々に、また地方において、血の相承、穢の相承としてある俗信に至っては、もはや瞬時も看過すことのできない社会的、宗教的緊急事であります。

　教えはすべての者に愛が説かれ、慈悲が語られております。まことに万人平等である以外に教えはありません。

　すでに、国際人権規約の批准がなされた日本において、なお存在するこの部落問題こそ、われわれに直接かかわる喫緊の課題であります。

　全宗教者が、その命にかけて各教義、教理に根ざした人間平等の訴えと、国の責任において差別を許さない法的措置がなされるよう、今こそ宗教者は、社会に、その実践を通して明らかにしなければならないと思うものであります。

　ここに結集された多くの諸師とともに、新たな決意に燃えて、「同和問題にとりくむ全国宗教者結集々会」の結実を願うものであります。

基調提案

「同和問題に取り組む宗教々団連帯会議」の結成をめざして

われわれ宗教者と名告るものは、各々の教えによると称しつつ、世界の人権について、日本の部落差別の現実について、あまりにも無関心であったのが実情である。

よしんば、個々の関心があったとしても、行動となり、しかも、力を合わせるという方向に動いてはいなかった。

教えによる平等理念が観念となり、空転し、麻痺しているところに現実は見えない。否、差別の現実が見えないのは、厳しい現実を見ようとしないからである。

つねに、大衆とともなる自己の立場を措いて教えはない。差別に対する無関心・逃避は差別であった。われわれは、差別者としての目覚めから出発すべきである。全ての宗教者・宗教々団は、同和問題解決をめざしての実践をはじめなければならない。而して、その実践は、必ず連帯を求め、連帯に支えられて実践は成就する。

ここに、実践と連帯を揚げ、その具体的展開として、

①全ての宗教者・宗教々団は、同和問題への取り組みを実践すること
②「同和問題に取り組む宗教々団連帯会議」の結成をめざすこと

を万場一致賛同いただき、本集会参加の全宗教者・教団の名において、「宣言」として採択されんことを提案します。

併せて、右連帯会議結成の準備として、本集会実行委員会が、「同和問題にとりくむ宗教々団連帯会議準備委員会」として継続していくことを、万場一致「承認」いただくことを提案いたします。

決議

あと一年有余となった「同和対策事業特別措置法」の諸事業が、現実の同和問題解決の流れのなかにおいて、政府の対策に、実情に沿わない問題点があり、さらに将来に禍根を残す点など、国政にみられるべき前向きの姿勢が、特に国民教育面において、完全に見落とされていることを憂慮し、ここに結集した各宗各教団の宗教者の名において、

一、現時の同和問題の実態をふまえ、その生活・労働・産業・教育・人権の問題等につき、部落問題の解決をはかるための法の総合的改正と運営の改善に、積極的に取り組むこと

一、特に、差別事件の多発的状況に鑑み、ひろく国民に、同和問題の正しい理解と、同和行政の正しい認識を深める教育の充実・徹底をはかること

右、二項目をおさえて、速やかにそれが実現されんことを願い、「同和対策事業特別措置法」の強化改正を強く要請することを決議する。

1981年3月17日
「同和問題にとりくむ全国宗教者結集集会」

経過報告
1.「よびかけ」にいたるまで

　宗教者は、部落差別問題をどこまで直視しているか。どこまで自己自身の問題として受けとめているか。どこまで部落解放の取り組みをしようとしているか。

　これらの問いの前に立って、われわれ宗教者の現実を見るとき、それぞれの中にある忌むべき幾多の事実を反省せざるを得ない。

　それぞれの属する教団教派を見るとき、あるものは数十年にわたって部落差別問題と取り組んできた歴史をもつものもある。しかし、あるものは今なおまったく無関心のままでいる。

　今日、部落差別問題の取り組みは国民的課題であり、「同和対策事業特別措置法」（特措法）が制定され、十数年を経過し、その強化・改正が叫ばれている時点において、全宗教者は一致して部落差別撤廃を目ざす取り組みをしなければならないことを痛感させられる。

　なぜなら、あまりにも多くの差別事件や差別体質の暴露が、それぞれの教団各派の中においてあらわになっているからである。あるいは内部告発のかたちで、あるいは外からのきびしい糾弾によって、宗教者の差別体質が明らかにされてきた。

宗教者として果せることは……

　また、1979年（昭和54年）夏には、宗教者の集まる世界会議において、部落差別に対する無知、無関心、逃避姿勢、解放運動に対する露骨な嫌悪感が一日本代表によって表明され、それが是認されるというような事件があった。ここにいたって宗教者の差別体質は弁解の余地のないものとなってしまった。

　宗教者は、最もきびしく自己自身を問わなければならないものである。教義や教理によって、口では平等を唱え、慈悲を語り差別の罪を説きながら、自己自身の内と外において行われている差別の行為を放置するならば、「宗教者とは何か」と、言わざるを得ないであろう。

　自己自身の体質をきびしく反省し、真の反省による新しい行為の開始こそ、今日の時点において、宗教者が宗教者として純化される道の第一歩であると考えられる。

　この道を歩もうとするとき、そこには幾多の困難がある。しかし、その困難をおそれず、勇気をもって、悔い改めふさわしい実を結ぶことを目ざして宗教者は立ちあがらなければならない。

　以上のような願いによって、わたし達は1980年（昭和55年）12月9日にはじめての会合を持ち、それ以降、数度の会合を重ね、冒頭の「よびかけ」を発表することとなった。

2．集会にいたるまで

　「よびかけ」の主旨をさらに多くの教団教派に属する宗教者達とともに検討し、具体的な前進をはかるために1981年（昭和56年）1月12日、および2月12日の2回にわたって会合が持たれた。

　これらの会合の協議を経て、「同和問題に取り組む全国宗教者結集々会」を開くことをよびかけ、実行委員会が組織され、その具体化がすすんだ。そして、本集会の実現にいたった。

日本基督教団が部落解放方針を確立

日本基督教団部落解放方針

はじめに

　私たちの教会は日本の社会に建てられていますが、そこには様々な差別や抑圧が存在しています。部落差別はその一つです。生まれ(血筋・家柄、出身地、居住地)によって人間を賤しめ、排除するものです。このために多数の人々が、日本の歴史を通し全国各地で、社会の諸領域で、また生活の様々な面で辛酸をなめさせられてきました。

　そこで1922年、被差別部落の人々は全国水平社を創立し、自らの力で解放を実現していくために初めての全国的組織的な部落解放運動を開始しました。この闘いは時代を越えて受け継がれ、今日では部落外の人々も多数加わって、日本の各地、各領域で展開されています。

　日本基督教団が部落差別についての組織的な取り組みを開始したのは、1975年のことです。1981年には、取り組みを日常化し強化するために新たに部落解放センターを起こしました。1995年には部落解放センター規約を教憲・教規に明文化して、教団の宣教機関として位置づけました。

　この方針は、以上のような経過の中で、日本基督教団として部落差別問題にさらに着実に取り組んでいくために、現状認識と目標、姿勢と方策を明らかにするものです。具体的な作成目的は次の通りです。

1　日本基督教団としての固有の部落解放方針を確立する

　私たちキリスト者は主イエス・キリストを通して、神から愛されている存在として人間を理解します。人間は誰もが等しく神により創造され、神の愛により固有の尊厳を与えられた掛け替えのない存在です。この信仰によれば、人間の平等と尊厳を否定する部落差別は神の創造の趣旨を否定し、被造物としての人間に対するゆるすべからざる冒涜です。この理解において私たちは、部落差別を単に歴史的、政治的、社会的な側面からだけではなく、様々な差別や抑圧を生み出す自己の罪に深く関わる、信仰の問題としてとらえます。

　この方針は以上のような私たちの信仰に立ち、ゆるされて生きる者にふさわしく、いまもなお教会において、また、社会において、結婚差別や就職差別、生活の中での様々な差別言動として現存する部落差別の解決に努めようとするものです。

2　教団の今後の取り組みを諸教会に明らかにする

　1975年以降の取り組みは、諸教会の祈りと支えによって継続されてきました。また、常に諸教会に訴え、意見を聞くことによって積み重ねられてきました。教団の取り組みは、基盤となる各個教会を抜きに考えることができません。そこで教団は今後、部落差別についてどのように取り組んでいくのかを、この方針によって明らかにして諸教会に対する責任を果たすとともに、さらなる支援と参加を訴えるものです。

3　諸教区と教団が一層、力を合わせる

　教団の取り組みが起こされて以後、教区でも組織的な取り組みが始まりました。(注4)今日では全17教区の内、16教区に取り組みの委員会組織が設置されるに至っています。(注5)こうした教区での主体的な取り組みが今後も期待されます。しかし同時に、各教区と教団が個々バラバラにではなく、互いの主体性や多様性を尊重しつつも、ある程度の共通認識のもとに連帯して取り組むことが建設的です。そこで教区・教団が共通の方針を持つことで、一層、力を合わせて、教団全体の部落解放の取り組みを前進させようとするものです。

I 教区と教団がめざすもの

部落差別の現状認識と部落解放の方向

部落差別に対する被差別部落の人々の長い闘いの結果、1965年に政府の諮問機関である同和対策審議会の答申(以下、「同対審答申」)が出されました。この答申は、部落差別の解決は「国の責務であり、国民的課題である」(注6)ことを明らかにしたものでした。以後、国や自治体は部落差別の実態並びにその原因は、特に被差別部落の生活状況にあるとし、その居住・生活環境の改善をはかってきました。その結果、これらは「同対審答申」当時と比べて飛躍的に改善されました。しかし、同時に課題も浮かび上がってきました。それは、被差別部落の居住・生活環境の改善にもかかわらず、結婚差別や差別言動等の部落差別事件が依然として絶えないことです。

また、1970年代からは、いわゆる差別落書きが各地で頻繁に起こるようにもなりました。中でも明らかになったことは、部落外の人々と被差別部落の人々の関係が、上記のような被差別部落の居住・生活環境の改善にもかかわらず本質的に変わっていないことです。個人差や地域差があり、画一的には言えませんが、今日なお一般に、部落外の人々の意識の中には被差別部落に対する特別視や偏見、差別意識が存在しています。その結果、被差別部落の人々の中にも、部落外の人々に対する不信や自己を閉ざす傾向があります。これは両者が〈差別—被差別〉の関係に縛られていることを示し、依然として部落差別事件が絶えない今日の状況はここに集約されます。

さらに、こうした両者の関係の背後には、今日において部落差別を制度的、文化的、社会的に生み出す日本の社会（天皇制により人を貴賤づけ、能力主義や競争によって人を価値づける社会）があります。今日の部落差別の問題の所在は、こうした社会構造の中での部落外の人々と被差別部落の人々との、人と人との関係のゆがみにあると言えます。

　この部落差別問題に対して日本基督教団は、20数年にわたって取り組みを重ね、その輪が各地で拡がってきました。しかし、現在も大きな問題が存在しています。それは、今日なお多くの教会において部落差別に対する問題意識が希薄な点です。地域差があり、教会の多様性を考えると画一的に言うことができませんが、教会の中にも被差別部落に対する特別視や偏見、差別意識があり、キリスト教による部落差別事件も絶えません。これは、教会も社会と変わらないということであり、〈差別―被差別〉という人と人との関係のゆがみは教会の実態でもあります。

　教区・教団の目標は、こうした教会内外での部落外の人と被差別部落の人との関係のゆがみの変革です。両者の関係において、部落外に生まれたことや被差別部落に生まれたことを何ら特別視せず、互いにそのまま受けいれ合う、そうした人と人とのつながりを、信仰の証として教会や個人の生活の中に創り出し、また、教会の福音宣教として地域社会の中で広げていくことが教区・教団のめざすものです。

Ⅱ 部落解放方針

〈差別―被差別〉関係変革のための**姿勢**

　教区・教団は、上記の目標を実現するために今後、次の姿勢をもって取り組みます。

1　個人のあり方を大切にする

　部落差別が、人と人との関係のゆがみの問題だということは、部落差別を無くすためには個人一人ひとりのあり方が大切だということです。人間の尊厳は一人ひとりの固有性にあります。部落解放も固有性を持った個人同士としての、人と人とのつながりが土台です。そこで、個人並びに個人のあり方を大切にして、一人ひとりの「わたし」（自分）が生活の中で部落差別を拒否すること、部落差別に負けないことをめざすとともに、そうした個人の輪を広げていきます。

2 部落差別を生み出さない社会構造を求めていく

　部落差別問題の解決に当たっては、個人のあり方が大切です。しかし、その個人一人ひとりは、部落差別を生み出す社会構造の中で生きています。部落差別を拒否し、部落差別に負けない個人をめざすと言っても、社会構造の影響力を無視できません。また、部落差別はそれだけで存在するのではなく、同じ社会構造から生み出される様々な差別や抑圧と、からみ合って存在しています。そこで、個人のあり方を大切にする一方で、部落差別を含む様々な差別や抑圧を生み出さない社会構造を私たちは求めていきます。

3 部落解放を推進する教会になる

　部落差別が日本の社会構造と、そこに生きる個人によって維持されている中で、私たちは次のような教会をめざします。
①部落差別を拒否し、部落差別に負けない個人を育む教会。
②部落外に生まれたことや被差別部落に生まれたことを、そのまま受け入れ合うことのできる人と人とのつながりを育む教会。
③地域社会の中で部落差別に苦しめられている人々が集うことができ、信頼される教会。
④地域社会の中で部落解放の意思表示をする教会。

4　部落外、被差別部落の両者が共に部落差別問題を担う

　部落差別は、被差別部落に対する部落外の人々による差別問題です。差別される人間に非はなく、差別する人間に非があります。しかし、部落差別問題は両者の関係のゆがみの問題であるために、どちらか一方だけで解決できる問題ではありません。また、現在の〈差別―被差別〉関係は両者が生きている同じ社会構造を背景にしています。この意味で部落差別は、両者が共に担う必要のある問題です。そこで、これらの自覚の上に立った、両側からの取り組みを私たちは推進します。

5　部落外の人と被差別部落の人の相互理解を育む

　〈差別―被差別〉関係を変革していくためには両者が互いに個人として出会い、理解し合うことが必要です。そこで、研修会や交流会という出会いの場を積極的に作っていくとともに、地域の実情によってもっとも良い形で、各地での教会と被差別部落の間に人の交流を推進します。さらに、部落差別問題以外の様々な差別や抑圧等の社会的諸課題について両者の連帯を推進します。

6 信徒と教師の両者による取り組みをめざす

教区でも教団でも、これまでの部落差別問題の取り組みは、教師が中心になりがちでした。しかし、信徒不在の取り組みでは、部落差別に対する教会の取り組みは砂上の楼閣であり、信徒と教師が協力し合ってこそ教会の取り組みと言えます。そこで、信徒と教師の協力による部落差別問題の取り組みをめざします。

7 「部落解放・教会の解放・『わたし』の解放」をめざす

今日なお部落差別について問題意識の希薄な教会が少なくないのは、各教会の置かれている地域状況も関係していますが、本質的には、キリスト教・教会の日常が「部落差別があってもなくてもどうでもよい」ものになっているからです。これは総じて、キリスト者の信仰、教会の宣教が、部落差別の現実に届いていないということです。また、これまでの教区・教団の部落差別問題の取り組みが、教会の解放や「わたし」（一人ひとりの個人）の解放に届いていないということです。

そこで、「部落解放・教会の解放・『わたし』の解放」という、これら三つを切り離さない取り組みをめざします。

III 部落解放方針

これからの取り組み(注7)

　教区・教団は以上の現状認識と目標、方針を元に、具体的に次の取り組みを進めます。

1 「部落解放全国活動者会議」の開催

　各教区や教会、また、その置かれている地域の現状をしっかりとふまえ、地に足のついたキメの細かい取り組みを各地で実践していくために「部落解放全国活動者会議」を開催します。

2　部落差別に問題意識を持つ人々の育成

①部落解放信徒講座の開催。
②部落解放青年講座の開催。
③キリスト教学校・施設での部落解放教育の推進。
④神学部・神学校での人権教育の推進。
⑤神学生の部落解放実習の推進。
⑥部落解放神学生大会の開催。
⑦Cコースによる教師志願者への部落解放講座の開催。(注8)
⑧部落解放新任教師・キリスト教教育主事講座。
⑨部落解放牧会者講座。
⑩宣教のあらゆる現場での部落解放講座の推進。

3　各地の教会と被差別部落の交流の推進

①被差別部落での部落差別問題研修の推進。
②被差別部落での諸活動への教会からの参加の推進。
③被差別部落への伝道の推進。
④狭山差別裁判ほか部落解放の諸課題についての教会と被差別部落の連帯の推進。
⑤社会的課題（例　他の差別問題、環境問題）についての教会と被差別部落の連帯の推進。

4　部落差別に対する教会の取り組みの推進

①「部落解放への祈り」を設定し、全国の教会で祈りの中に覚えていただく。
②教区での取り組み組織の強化をはかる。
③「部落解放・教会協議会」の開催。
④「聖書の読み方と部落解放」協議会の開催。
⑤部落差別の現実に届く礼拝や説教の追究。
⑥部落差別問題にしっかりと向き合う牧会の追究。
⑦書籍「部落差別と闘ったキリスト者」の出版ほか各種啓発冊子の発行。
⑧教団部落解放全国会議の推進。
⑨狭山差別裁判ほか日本社会での部落解放の諸課題への取り組みの推進。
⑩各種の反差別署名運動。

5　反差別連帯の推進

① 反差別合同協議会や教団での反差別連帯の推進。
② 各地での反差別連帯の推進。
③ インドのダリット解放運動やその他諸外国での反差別運動との連帯。

〈注記〉
1　多民族社会としての日本。
2　「部落差別問題特別委員会」のこと。なお、1958年開催の第10回教団総会に西中国教区から「部落問題の研究と推進」が建議され、1962年の第12回教団総会には有志により「部落並びに底辺伝道に関する建議」がなされました。
3　大阪府四条畷市に四条畷教会の協力を得て開所。1993年、同大東市に移転。
4　大阪教区では1961年に「部落伝道委員会」が組織されています。
5　ただし、その形態は様々です。専任の組織が設置されている教区が一般的ですが、社会委員会の中に担当者が置かれている場合があり、支区代表者による組織が設けられている場合もあります。また、教区独自の部落解放センターが開設されている教区もあります。
6　「国民的課題」とされたことは、部落差別の重大性をはっきりさせた意味で評価されます。しかし、「同じ国民だから差別は許されない」との考え方も見てとれ、民族や国籍が異なる場合には差別が正当化されかねません。こうした考え方は「同対審答申」だけに見られるものではなく、私達自身が差別問題を考えるときに陥る重大な落とし穴でもあります。
7　上記の「3　部落解放方策」では、教区・教団の取り組みをまとめて記述していますが、内容によって、また、現状において教団が中心的に担うことがふさわしいもの（例／部落解放全国活動者会議）、あるいは、両者が協力し合うことの必要なもの（例／部落解放全国会議）があります。したがって、これらは各教区と教団が相談の上、また、各教区の状況に合わせて行なうものです。
8　神学校・神学部によらない教師志望者のこと。
9　沖縄差別、在日韓国・朝鮮人差別、アイヌ民族差別、外国人労働者差別、性差別、性的少数者差別、障がい者差別、ハンセン病差別、ＨＩＶ感染者差別、その他の差別問題に取り組む人々との連帯のこと。

同和問題に取り組む宗教教団連帯会議

『同和問題』に取り組む宗教教団連帯会議第20回総会（抄）

2000年4月12日

1　1999年度の取り組み
1．「同宗連」の目的に沿って、加盟教団の相互理解と連帯関係を深めるとともに、未加盟教団への働きかけを強化する。

❶　連絡会の活動の充実
　現地研修や、一定のテーマを設け意見交換するなど、充実した活動が展開された。

❷　「教団行政責任者研修会」「実践交流懇談会」の実施
　加盟教団の相互理解と連帯関係を深める重要な役割を担っている。本年度は「同宗連」として、はじめて、「性差別・女性差別」をに取り上げ、例年より多数の参加者を得た。

❸　未加盟教団への働きかけ
　「同宗連」活動の活性化のためにも、引き続き加盟教団の協力を得て積極的な働きかけをお願いしたい。

2．宗教教団(者)としての差別撤廃に向けた自己改革と、その意思表示を行なうための「同宗連」活動の充実を図る。

❶ 各種研修会の開催

　今年度よりカリキュラム専門委員会作成による『部落解放基礎講座・解説資料集』を活用した。今後の基礎講座を一層充実させるためには、講義内容の統一性と補完に引き続き努力していかねばならない。

　「結婚差別・身元調査」の問題については、異なる立場に所属する講師二名による講義を受講した。宗教者側からは、「部落問題の取り組みの中で感じたこと」を中心に自らの体験を交えながら講演され、部落解放同盟大阪府連合会からは、一昨年大阪で惹起した「差別身元調査事件」の報告と「『人権の時代』におけるそれぞれの役割について」と題する講義が行なわれた。

　「民族差別」ではアイヌ問題を取り上げ、基礎学習と「アイヌ文化振興法」(アイヌ文化の振興並びにアイヌの伝統等に関する知識の普及及び啓発に関する法律)の成立に至る歴史的経緯と問題点、今後の課題について取り組んだ。

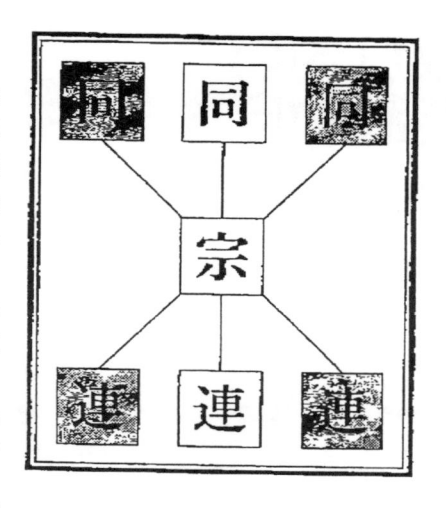

❷ 機関紙『同宗連』の発行

　本年度は購買数の増加に伴い、多くの読者に読み易く、魅力的な紙面づくりを心がけた。報告記事のみでなく加盟教団で取り組んでいる事業の短信や人権啓発書の紹介など情報の提供にも力を注いだ。

私たちの求めるアイヌ民族に関する法律(案)はアイヌ民族に対する差別の絶滅を基本理念とする
（北海道ウタリ協会）

アイヌ民族の先住権を認めるところから全ては始まる

3．「部落解放基本法」制定要求国民運動をはじめ、人権確立のための運動を自己課題として、積極的な取り組み体制を整備し活動をすすめる。

❶ 「部落解放基本法」制定に向けての取り組み

7月29日の人権擁護推進審議会における「答申」に先立ち、7月5日独自に「同宗連」緊急集会を開催、問題解決の方向性を明示した「答申」を求める「決議」を採択し、その決議文を審議会宛に提出する要請行動をした。「答申案」に対するパブリックコメントを送付することを申し合わせた。

❷ 「狭山」問題への取り組み

今日まで「狭山」中央行動への参加や、「狭山」現地調査学習会を実施。

❸ 都府県「同宗連」との交流会

各地域において結成された30都府県「同宗連」との連帯は、「同宗連」活動にとっても重要な問題である。

部落解放基本法を制定せよ

たくましくなったわね

狭山差別裁判はまだ終わっていない

こぼれても涙苦しみ又越えし光求めて命繋ぐも

今吾は堪忍袋の緒を抑え耐えることも勝利の路ぞ

石川一雄さん

第10期「同宗連」連絡会組織

同宗連

高野山真言宗、世界救世教いづのめ教団、真言宗豊山派、西山浄土宗、天台宗、善隣教、大本、阿含宗関東別院、黄檗宗、真言宗金剛院派、真言宗醍醐派、円応教、顕本法華宗、カトリック教会、真宗出雲路派、真言宗神道派、真宗大谷派、黒住教、時宗、真言宗御室派、真宗木辺派、真宗佛光寺派、天台寺門宗、金光教、聖観音宗、神道大教、真宗興正派、浄土宗西山禅林寺派、天台真盛宗、真言三宝宗、浄土宗、日本バプテスト連盟、真宗三門徒派、日本基督教団、日本ナザレン教団、真言宗諸派連合卍教団、真宗北本願寺派、法華宗、真宗誠照寺派、念法真教教団、本門佛立宗、真宗高田派、扶桑教、臨済宗圓覚寺派、真宗山元派、臨済宗永源寺派、臨済宗天龍寺派、浄土宗西山深草派、融通念佛宗、臨済宗建長寺派、東寺真言宗、臨済宗建仁寺派、臨済宗東福寺派、神理教、臨済宗妙心寺派、臨済宗方廣寺派、和宗、臨済宗相国寺派、臨済宗南禅寺派、日本聖公会、臨済宗大徳寺派、臨済宗佛通寺派、福田海、天理教、真言宗智山派、神社本庁、立正佼成会、浄土真宗本願寺派、曹洞宗

うちは皆え宗なり

㈶全日本仏教会戒名（法名）問題に関する研究会答申

　現在、「戒名（法名）」に関して、一般社会からさまざまな批判が寄せられている。本研究会は、平成10年10月の理事会で設置が決まり、これまで五回の会議を開催してこの問題の検討を行なって来た。その結果をここにご報告する。

　本研究会は主に次の点につき意見交換を行なった。
1．各宗派に於ける戒名（法名）の意味、及び宗派間の相違点
2．各宗派に於ける戒名（法名）の種類等、規定や慣行
3．いわゆる「戒名（法名）料」の実態、及びその会計処理のあり方
4．戒名（法名）に関する一般社会からの批判の意味、及びそれへの対応

　会議の席上、出席者から活発な意見が出された。その主要なものを要約すると、次のようになる。

　①戒名（法名）について批判があるのは、主に大都市部である。それは都会に於いて、寺と檀信徒（門徒）との関係が希薄であることに起因している。

　②今日の戒名（法名）批判には、葬儀の商業化という現代社会の経済至上主義が背景にある。

　③戒名（法名）は、仏弟子に成る時にいただく名前である。生前に受けるのが望ましいが、一般の人にはあまり理解されていない。各教団も、説明しようとする意欲が充分でない。

　④一部に「戒名（法名）料」と称して、高額な請求をする僧侶がおり、それが仏教会全体への不信となっていると言わねばならない。

⑤戒名（法名）の授与は、多くの宗派で各住職の裁量に任されている。そのため、地域差、寺院差が大きい。今後は各教団で、一層の研鑽を進めるべきだ。

⑥布教・伝道を通して社会の苦悩を解消するための努力を充分に果たしていないことへの批判が、戒名（法名）問題の根底にある。仏教会全体として反省すべきだ。

⑦「戒名（法名）料」批判に応えるためには、会計処理を含めた寺院運営のあり方を再考する必要がある。

結論として本研究会は、次の二点を理事会に対しご提案する。

１．今後、「戒名（法名）料」という表現・呼称は用いない。

仏教本来の考え方からすれば、僧侶・寺院が受ける金品は、全てお布施（財施）である。従って、戒名（法名）は売買の対象ではないことを表明する。

２．戒名（法名）の本来の意義を広く一般に知らしめるため、主な宗派から資料をご提供いただき、全日本仏教会が以下の内容のリーフレットを作成して、必要な所へ配布する。

①当該宗派に於ける戒名（法名）の教理的な意味、②戒名（法名）に関する当該宗派の規定（例えば院号）又は慣行、③一般信者が生前に戒名（法名）を受ける方法、④戒名（法名）に関する一般信者等からの相談窓口

以上

平成11年11月30日

戒名（法名）問題に関する研究会

カースト身分差別に反対して人間平等をめざしたブッダが弟子に与えた名を、戒名という

たったひとつの金づるなのに……

浄土宗や、真宗のように末法の世には戒はないという教説をたてる宗派では法名

キリスト教ではクリスチャン・ネーム

日蓮宗は法号

宗教界の
あいつぐ差別

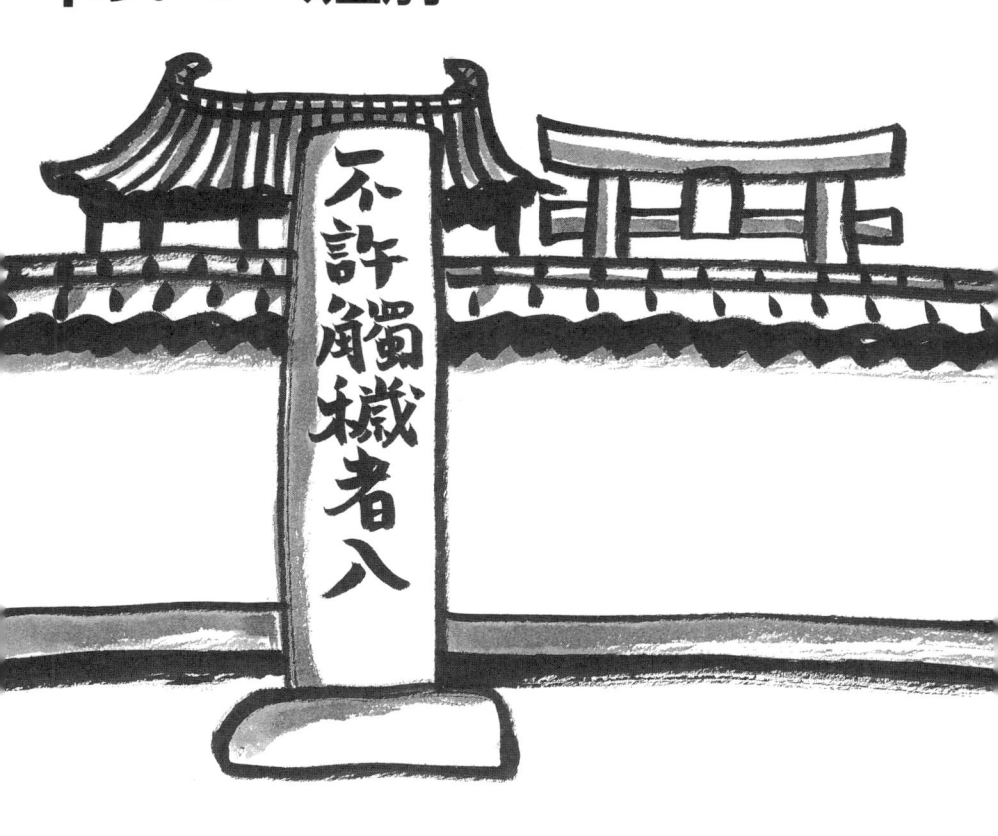

　「部落解放基本法制定要求国民運動中央実行委員会」編・発行（発売元・解放出版社）の2000年版『全国のあいつぐ差別事件』中、「宗教界での差別事件」の項目のなかで、（一部、1998年の事例を含め）1999年だけでも数件の事例があげられています。

　まず、それを一読いただき、内容的には重複するものもありますが続いて、筆者の収集した資料（『解放新聞』）を御覧いただければと思います。

根深い差別体質を示す宗教界での差別事件

　宗教界でも深刻な差別事件が発生している。

　本来、人間の平等を基本となすべき宗教者のなかにあっても、部落に対する偏見と差別の根深さを示している。宗教者本来の姿に立ち返るよう、自己変革を求める取り組みをすすめていかなければならない。

浄土真宗本願寺派北海道教区上川南組組長差別発言事件

（吹き出し）
- 北海道は空気がキレイなので差別はない
- 土地はぶんどり放題
- ここは和人の植民地経営の実践場だ
- 一旗組も来たしエッタも来たし

　浄土真宗本願寺派北海道教区上川南組組長差別発言事件は、昨年（1999年）6月23日午後7時10分頃、北海道の旭川市内から同市内の夕食会場への移動中の組巡教伝道車（ワゴン車）内で起こった。

　伝道車には、大谷光真・浄土真宗本願寺派門主、差別発言をしたU上川南組組長はじめ6人が乗車していた。その車内で、U組長はつぎのように発言した。

　「北海道は水も美味しい、空気も澄んでいて、そして北海道は植民地みたいなもので、エッタも来たし、一旗揚げようとした人たちも来たと思われるが、重労働、飢え、寒さなどのなかで、一致団結していかなければ生きていけなかったので、自然と北海道には差別がなくなったと思います。言葉が標準語に一番近いといわれるのも、その証と思います」

　発言の重大さに気づき、真意を確認するため、同乗者の伯水永雄・随行講師が、「植民地とは、アイヌの方々への植民ですか」とたずねると、U組長は「そう、とにかく北海道にはエッタも来たし、一旗揚げようとするものも来た。しかし、北海道にはそうした差別はない」と重ねて差別発言をした。

北の護りだの
食料基地だの
勝手なことばり
やってやがる
その上アイヌの
土地をとりあげ
差別したシャモ
に空気がいいから
部落差別はない
とはヘソが茶を
わかすぜ

　このため、伯水講師が「エッタという言葉を使われるのはどうでしょう」と指摘、北島経昭・随行長も「エッタとは賤称語ですよ。それを使われるのはどうでしょうか」と指摘した。
　これにたいしU組長は、
　「エッタが悪いのなら、部落というのもいけないのか……（聴取不能の小さな声）」と発言をつづけた。
　伯水講師が、夕食会場が近づいてきたため、U組長に「もうおやめください。後でお話をしましょう」と制止したところ、「この宗門は自由にものも言えないのか、さみしい……（聴取不能の小さな声）」と発言した。
　夕食会場に着いた後、伯水講師が「少しお話を」と申し出たが、U組長は「もういい」と夕食会場に入った。
　同日、午後9時半頃から、当日の宿泊場所のホテルで事実確認をした。U組長は発言した事実は認めたものの、「エッタという言葉は北海道では差別ではない」としたが、これが賤称語であることを指摘されると、「私はご門主様や自由に発言できると組巡教に甘えていたのかもしれない」とU組長は発言。U組長の体調と時間が遅くなったことを判断して、伯水講師が「北海道には部落差別がない、との認識は誤っているので今後、研修と学びをすすめてもらいたい」と、学びをすすめていくことを約束した。

　その後、本願寺派では、北海道教区組巡教にかかる協議会、北海道教区基幹運動推進委員会の各種会合、上川南組臨時組会、上川南組差別発言対応協議会などで、取り組みや話し合いが積み重ねられた。
　昨年、9月21日には、中央本部による第1回確認会、12月3日には第2回確認会を開き、今回の第1回糾弾会にいたった。
　「北海道は水も美味しい、空気も澄んでいて、そして北海道は植民地みたいなもので、エッタも来たし、一旗揚げようとした人たちも来たと思われるが、重労働、飢え、寒さなどのなかで、一致団結していかなければ生きていけなかったので、自然と北海道には差別がなくなったと思います。言葉が標準語に一番近いといわれるのも、その証と思います」という差別発言のなかで問われたのは、賤称語を使用したから、ということだけでない。問題は発言意図にある。
　つまり、「エッタ」も「一旗揚げようとした人たち」も、組長発言のなかでは差別される対象であり、マイナスのイメージで語られているのである。そのうえで、「北海道には差別がなくなったと思います」と、自らの周りから部落問題をはじめ、北海道に存在するアイヌ、在日韓国・朝鮮人問題などを切り離すことで、北海道のすばらしさを門主に伝えようとしているのである。

また「北海道は植民地みたいなもので」という発言からは、和人（日本政府）の植民地政策によって苦渋を強いられたアイヌ民族への差別にもまったく無関心、無理解であり、1994年に発生した「札幌別院連続差別落書事件」以降の教区の取り組みが生きたものとなっていないことがわかる。
　U組長から提出された文章では、「その時は全く差別心を持って話をしたと思っていませんでした」「その時は全く差別心を持たず歴史の一端を話したつもりでいました」としている。しかし、発言後の指摘に対する「エッタという言葉は北海道では差別ではない」「エッタが悪いのなら、部落というのもいけないのか」などは、「全く差別心を持たず歴史の一端を話したつもり」ではない。

　「北海道には差別がなくなった」との車中の発言を重ね合わせると、部落問題・差別問題ということに北海道教区で取り組むことへの反発、批判が生んだ差別発言であることは明確である。
　差別発言の背景には、94年に起きた「札幌別院連続差別落書事件」以降の、北海道教区での基幹運動の不十分さがある。その根底には、教団の差別体質がある、と言わざるを得ない。

アイヌ人がいままでだまされ受けてきた差別のひとつひとつに和人はどう答える

アイヌは同化したとでもいうのか

現実的、具体的実践が

　2月14日の第1回糾弾会では、U組長の率直な反省と決意が語られるとともに、『教区基幹運動の点検と総括』が示された。

　U組長の取り組み姿勢を根本にすえながら、糾弾会のなかで組坂委員長が強調した「信心の社会性」実践を、組、教区、教団のなかでともに歩むことを実現する取り組みが、いま求められている。また『教区基幹運動の点検と総括』が示した「まさに『差別落書事件』を引き起こし『差別発言事件』を起こしたのは〈わたくし〉自身であるという自覚から運動の総点検が必要であると考えています」との視点からの、差別体質から差別構造の究明に向けて、差別を克服する教学へ、基幹運動・教区・組の連携、継続的な基幹運動推進と推進者の育成、などの現実的、具体的実践が求められている。

　そうしたなかで、宗教者本来の、なによりも基幹運動の原点に立ち返り、「いのちの共感」を妨げているものを、ともに克服していくことのできる、教団全体の、僧侶と門信徒が一体となった基幹運動の強化こそ、私たちもともに求めるところなのだ。

浄土真宗本願寺派
福井教区組巡教
法座差別事件

　浄土真宗本願寺派福井教区組巡教法座差別事件の確認会を2000年8月29日に行なった。このなかでは、河和田組のO門徒総代の差別意識の形成過程の一端や、問題となった質問を、なぜ、直接、大谷光真・門主に行なったのか、などが明らかになった。また、組、教区にも、研修の見直しなどとともに、O門徒総代の意識変革の支えとなることを求めた。

　浄土真宗本願寺派福井教区組巡教法座差別事件について、2000年8月29日、福井市内の福井別院で話しあいを行なった。
　午前中はO門徒総代と確認会をもった。O門徒総代は、「間違いない」「司会者からいわれて、いらんことをいうたなーと思った」と差別発言を認めるとともに、自らが差別意識を形成してきた過程や発言の動機を、次のように率直に語った。
　O門徒総代は、1927年生まれ、73歳。子どもの自分から親や、おじさん、おばさんらから聞いた話が(体に)染みついている。近くに部落はないし、実体験もない。
　聞かされた話というのは、
　「山につくと一服するもんじゃ、それから仕事するもんじゃ。一休みせず仕事にかかるのは部落のもんじゃ」というもの。すぐに仕事をすると、こういってしかられた。また軍隊のときに、部落のものは殺生をする、牛や馬を殺す、牛や馬がいやがるのをたずなを引っ張る、という話を聞いたとき、いやな感じがした。

日常的に、みんなが、私と同じような意識をもっていた。部落は、いやなもの、汚いもの、という印象をみんながもっていた。競輪場の所に部落があると聞いた。「気をつけなあかん」と。在所の方では、よく話を聞く。けっこう日常的に話がでる、昔ほどではないが。昔は、よく言ったものだ。今でも、年に何回かは聞く。

　今でも部落のこと嫌ってる、牛や馬を殺生するという、いやな気持ちが今でもある。焼くまでなおらんでしょう。（部落の人間との）結婚話は（私の住む所では）聞いたことがない。あればすぐに噂が広まる。

　質問をしたのはご門主がみえるのは一生に一回あるかどうかで、質問の内容は何でもいいというし、なにかしゃべらないとご門主が退屈な思いをすると思って、ただ単に部落の人はいやだという気持ちで、深く考えないでしゃべった。このことで、ご門主の意見を聞きたいという思いがあった。

　浄土真宗本願寺派が、部落差別をなくそう、という取り組みをしているのは知っている。自分は部落のことが嫌いなのに、教区の門徒総代の研修会——総代になって30年、これには毎年出席している——では「みんな仲良くせよ」といっているが、心に残るような研修内容ではなかった。本音と建て前があるのになー、腹の底は違う、と思っていた。（結婚の話を出したのは）みんな建前をいっているが、自分の息子のことになると違うだろうと思ったからで、本音で答えるのか建前で答えるのか、それが聞きたかった。

　福井教区を中心に本山、河和田組に対する午後からの確認会では、O門徒総代が発言しているときに起こった笑いの意味を中心に、事実関係を確認した。

　この笑いについて、本山関係者はO門徒総代の差別発言への対応をどうするかで、緊張が走り、笑いそのものについても、あとでテープを聴いてわかったと答えた。当日の司会者は、差別発言への笑いじゃないと感じている、ご門主にパッといったからではないか。当日、会場整理していた人は、O門徒総代は豪放磊落で、ズケズケものをいうので、ここでも言いたいことを言っている、ということで起こった笑いではないか。教区の関係者は、とんでもないことをいってくれた、言ってはならないことを言った、ということが笑いになったのでは、と回答。これまで教区が研修をつづけてきたにもかかわらず、「ヨッツ、エッタ」という言葉が何のためらいもなくでてきているなど、過去の研修のあり方について、厳しく受け止めてほしい、と問題を提起した。

　これまでの取り組みの反省点と課題をどう考えているか、についても聞いた。

本山からは、①いきなり「ヨッツ、エッタ」という発言がでてきた。基本的学習ができていない。教区の実状をふまえ、どのように基本的学習をつみあげ、根づかせていくのか、②門徒総代は指導者に当たるが、第一線の人から差別発言がでてきた。これまでの研修会は僧侶が中心だが、門徒への取り組みも点検していきたい、③笑いがあってもなぜ怒りの発言がでなかったのか。もう一度、確認する必要がある、と答えがあった。

息子にエッタとの縁談あっても私は反対しますが、内主はどうお考えでしょうか

僧侶も総代も問題意識のなさは十把一絡げだ

この事件の概要は

浄土真宗本願寺派福井教区組巡教法座差別事件は、2000年5月25日、大谷光真・浄土真宗本願寺派門主を迎えて行なわれた福井教区組巡教Ｂ法座（門徒を対象にしたもの）のなかで、河和田組内のＯ門徒総代が

「この度は、エッタ、私はエッタともうしますが、ヨッツともいうそうに聞いておるんですが、もし、私の息子にエッタからの縁談がありましたら、私は反対したいと思うんですが、これは無理なんかどうか、ご門主、どうお考えか、ひとつお願いします」などの差別発言を行なったもの。

親鸞聖人の教えは、いわゆる「悪人正機」（いやしいもの、けがれたもの、悪人、として当時の社会から排除された人びとこそ、往生できる）に基づくもので、被差別者、被支配者が門徒となった。部落関係寺院の91パーセントが真宗寺院で、そのなかの72パーセントが本願寺派とされている。

敗戦後の1950年に部落差別を撤廃しようと浄土真宗本願寺派同朋会が発足、その後、基幹運動と名称を変え、今年50年を迎える。

しかし、僧侶などによる差別事件はあとをたたず、基幹運動の内実が問いつづけられている、といえる。

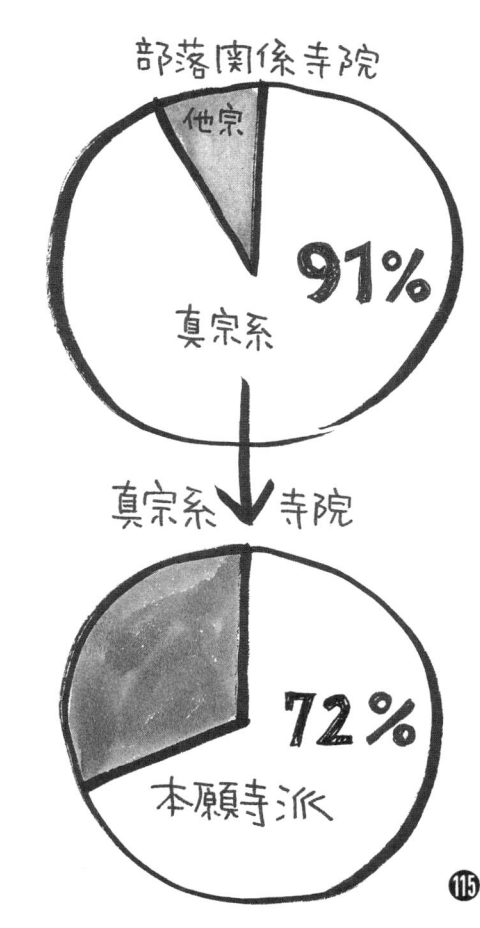

悪人甫を救済する音、未だ遠し

悪人正機

○門徒総代は、随行講師から差別発言との指摘を受けた後、「訂正いたします、無学ですいません」と発言。さらに、その後「では、先ほどの同和問題ですけどね、本音と建て前がありまして、もし息子に縁談があったら、私は反対しますということを言ったんで、それを全く、（意味不明）ようとおかしくって。困惑しています。以上です。」と発言している。

浄土真宗本願寺派（西本願寺）は、親鸞聖人が開祖。浄土真宗には、ほかに真宗大谷派（東本願寺）などがある。本山のもとに教区があり、そのもとに組（そ）があり、そのもとに寺がある。信者は門徒とよばれ、門徒の代表が門徒総代。法座とは、説法する会合のことで、組巡教では僧侶を対象にしたものと、門徒を対象にしたものがある。

部落関係寺院
他宗
真宗系 91%

真宗系 寺院
本願寺派 72%

奈良県室生村で発覚

浄土真宗本願寺僧侶が差別発言

1999年8月6日、室生村振興センターで事実確認をめぐって話合いの場がもたれた。

室生村の浄土真宗本願寺派の僧侶A氏が、村庁舎内で職員3人に「同和地区はお布施が少ない」「部落で刺身を食べたらじんましんがでた」「部落の道路はすぐよくなる」などと発言したとされる事件。

経過報告では、今回の発言を踏まえて行なった事情聴取で、A氏は発言をおおむね認めていることや、被差別地区の葬式に客僧として招かれた際、お布施が少ないことから「自分が半人前に扱われた」と憤慨し「村に言えば差額を徴収してくれるのでは」と考えて役場を訪れたことが、発言のきっかけになった――ことなどを明らかにした。

A氏に対する事実確認では、「覚えていない」「そんなことを言ったかな」「役場へも何の用で行ったのか覚えがない」「税金のことで行った」などと発言が二転三転。「こんな事件になって、自分でも困惑している」と、無責任な態度を示した。

行政とは別にA氏に対して事情聴取を行なった奈良教区からも「お布施が少なかったからと昨日話していたではないか」との非難の声も出た。

理詰めの追及により、「部落の葬式に行ったがお礼が少ない。一般やったら金がなくても後で届けよる。部落に行ったら刺身が出て、食べたらじんましんが出た。一般やったらご馳走は多いし、こんなことはせん」との発言については認めた。

これを、きっかけに「両側から越える」という部落解放運動（奈良）の観点にたって、本音で、意見を出し合い、相互の理解を深める方向で展開されていった。

東京で初の差別戒名を確認

浄土宗の寺院で

差別戒名が確認されたのは、東京都港区にある浄土宗の寺院。過去帳に2種類、4件の記載があった。「○○畜子」「○○狆」の2種類で、江戸時代中期の1789〜95年に、この寺院でつけられた。過去帳には縁者の記載がなく、現在の関係者は不明である。

都連は、中央本部を通じて浄土宗に問い合わせ、このほど回答を得てこの寺院を訪ね、過去帳に記載された差別戒名を実際に確認した。

学習会ひらく

この差別戒名は、東京で確認された初めての例である。都連は重大なことと受けとめ、当該の教団そして東京の宗教界の取り組み強化を求めることにしている。

学習会でMさんは、差別戒名ができた背景、差別戒名と過去帳の関係などを説明、曹洞宗で差別戒名の問題に取り組んだときの教訓などを語った。

さらに、差別戒名の調査については「過去帳が原本であり、墓石は作ることもあれば作らないこともある。墓地だけの調査には限界があるので、過去帳と合わせて墓石を検討することが必要」「差別戒名だけではなく、部落問題についての意識調査のなかに位置づけたほうが、いっそう実態を明確にできる」と述べた。

埼玉県大利根町の浄土宗住職

4本指だし差別発言

1999年6月はじめ、大利根町のAさんのところへ、知人のBさん（大宮市在住）がやってきて、同町にある浄土宗寺院のC住職が、Aさんのことを露骨に差別していると報告した。

Bさんは、仕事の都合でたびたび大利根町のC住職の自宅に立ち寄っていたが、二年ほど前から、C住職は食堂を営んでいるAさんのことが話題にのぼると、そのたびに、「Aはこれだ」といいながら、四本指を出して「つきあわない方がいいぞ」「食堂には飯を食べにいかない方がよい」などと、くりかえし差別発言をした。

Aさんが、すぐにC住職を自宅によんで追及すると、発言したともしなかったともいわず「裁判で決着つけるしかない」と述べた。

大利根支部から報告をうけ、北埼玉郡市協議会は6月24日、大利根町役場で事実調査会を開き、Aさん、Bさんから C住職の発言について事実関係を聞いた。

つづいて7月22日、県連と北埼玉郡協の役員、Aさん、Bさん、C住職、浄土宗の役員が出席し事実確認会を開いた。

この日、C住職は代理人と称する人物をつれてきて「後は代理人に任せてあるので話をしてくれ」と、とんでもない態度をとったため、厳しく追及した。

差別発言の事実について確認を求めるとC住職は、いったん否定した。しかしAさんやBさんの訴えで、ごまかしきれなくなったC住職は、差別発言の事実を認めて謝罪した。

あいつはこれだぞ
つきあったら
いかんよ

第1回糾弾会には、地元郡協を中心に70人が参加した。差別発言をしたC住職と浄土宗宗務庁の代表、また行政側から井上・大利根町助役ほか関係職員が参加した。

　糾弾会では、はじめにC住職に対して事実確認を求めると「みなさんが『発言した』というのだから、私が発言したのでしょう」と、ひらきなおった発言をしたため紛糾した。

　あらためて事実確認を求めると、たびたび前言をひるがえし不誠実な態度をとったため、厳しく追及した。その結果、C住職は「Aはこれだ」といいながら、たびたび四本指をだして差別した事実を認めた。県連はふたたび糾弾会を開くことを確認し閉会した。

全寺院の課題へと指導徹底

　問題提起に立った片岡明幸・県連書記長は、「第1回糾弾会から8カ月近く過ぎた今日、C住職がどう反省し、浄土宗がどう受けとめ指導したのか、また行政としてどのような見解をもっているのか」と提起した。

　C住職は「差別性を認めることを恐れてそのつど否定してきたことを深く懺悔し、元議員として指導者の立場にありながら、『同和』問題に対する認識の欠如から差別を受けた方々の心の苦しみ、痛み、悲しみに気づかずにいた差別者であったことを深く反省している」と述べた。浄土宗の渡辺教区長は、「C住職は一度も研修会に参加したことがなく、今回の差別発言を教材として、教区内全寺院関係者がみずからの問題としてとらえるまで徹底して指導を深めていきたい」と見解を示した。

　参加者からC住職に対して「Aさんへの謝罪の気持ちはあるのか」「檀家のなかに誤った行動や発言する人に対して指摘できるのか」などの発言があった。浄土宗の見解に対しては「C住職個人の問題ではない」「どう受けとめ反省しているのか」「他人ごとで教区としての責任がまったくない」などの指摘が多くあった。大利根町行政に対しては「7年前の不老荘差別事件を昔の事件とせず、差別の現実に学んだ社会啓発・『同和』教育のよりいっそうの推進をはかりたい」と考えを述べた。

　片岡書記長が「自ら努力すること」「教区全体の問題とすること」「差別の実態に学ぶ研修を」とまとめた。

浄土宗の住職が差別発言

宗議会議員選挙の立会演説会で

　浄土宗の東京教区が昨年(1999年)10月4日、港区にある増上寺で、宗議会議員選挙の立候補者7人の立会演説会を開いた。その演説の後で「これからの布教活動に新企画はありますか」という質問に対して、立候補者のA住職が「寺院は……少ない予算のなかで同和や結婚などを全部ひっくるめる必要はない」と発言した。

　この発言に対して、長谷川同和推進委員長が「同和問題というものは宗門にとって大変重要な問題である。この差別をなくす運動に対して積極的に運動をしていくご意志があるか否かをお答えいただきたい」と、候補者の考え方を聞いた。A住職は「解放同盟というのはどういう団体か知っていますか。あれは……他の人からエセ同和といわれているんだ」と発言した。

【東京支局】都連は中央本部とともに、浄土宗宗議会議員選挙立会演説会差別発言事件確認会を5月26日、産業労働会館でひらき、差別発言をしたA住職から回答の文書の説明を聞き、発言の意図と背景を明らかにした。

部落問題の取り組みに不満も…

　A住職は発言の事実を認め、発言に「お金もないのに同和を無理にやる必要はない」という意味や、「差別意識があった」ことを認めた。彼の「解放同盟は……エセ同和」という発言には、エセ同和団体との20年にわたる交際があることも明らかになった。都連は、A住職に対して、発言の趣旨と背景、エセ同和団体との関係などを、文書で回答を求めた。

今回の確認会では、Ａ住職の差別発言の背景には、①エセ同和団体の役員とともに狭山のデモをみたときに、こわい極左集団だと思った。また「部落解放同盟が高校の教師を半殺しにした」というデマなどが、エセ同和団体の資料にもっともらしく掲載されているのを読んで、白を黒といいくるめるようなこわい圧力団体だと思った、②大阪のスナックで「部落の人と結婚をして、離婚をしたら経営をしていた店を部落の人たちが集団で潰した」という根拠のないウワサを聞いて「部落は集団になるとこわい」「部落の人自身もこわい」という偏見をいだいていたことが、今回の差別事件の背景にあったことも明らかになった。

　また「『同和』や結婚など全部ひっくるめる必要はない」という発言も、やらない方がいいという意味で発言したこと、その背景には浄土宗の部落問題への取り組みに対する不満があったことも明らかになった。

僧侶にとって大切なこととは

　Ａ住職は、反省文のなかで、「同和文献保存会との長いつきあいにより、そこからの情報をうのみにし……意識の底に部落解放同盟に対する強い偏見が生まれ、それが、同和問題全体に対する偏見ともなって差別意識につながってしまった」と述べた。また、宗門の取り組みへの誤解もあったと述べ、「……人権感覚が足りなかったことを痛感し、心のなかにある差別意識に気づかなかったことを深く反省致します」と差別発言の背景をふりかえった。また、Ａ住職は、「日本仏教は、ヒンドゥー教や日本の原始的信仰とも混合し、穢れを不可蝕とし、業や輪廻の思想を曲解し、差別を合理化し強化してきた原罪がある」との立場から「僧侶にとってこの同和問題は、避けては通れない大切なことであり、運動であると改めて認識し」たと述べ、宗祖の万人平等の教えを普遍化するために「差別解消にむかって微力ながら努力していくことを誓う」と決意を表明した。

東京教区からは、研修がなかなか教区全体に広がらない現状が述べられたほか、この「東京教区での糾弾会や今後の取り組み方が全国の46教区に影響を与えると思う。しっかりやっていきたい」との意見や「東京で部落問題の存在は知られていないが、『差別はある』そのことについて自覚が求められている」との意見もあった。

　このほか、全国的に「同和文献保存会」なるエセ同和組織が寺院に書籍の購入を求めてきており、いくつかの寺院は購入しているとの発言もあった。部落解放同盟は、その実態の調査も含めて宗門としての今後の課題と取り組みの方針を文書で求めた。

　部落解放同盟からは、研修は文献だけでするものではなく、現地で差別の実態にふれることが大切だ。また、A住職自身が差別を克服した貴重な姿を宗門の僧侶たちに示してほしいと激励と要望を行なった。

経験を通して取り組み要請

　まとめのあいさつに立った東京都連の長谷川三郎・書記長は、「当初は緊張感もあってすすまなかったが、だんだんと理解が深められ、たがいの理解が深まり協力の体制ができた。東京には、部落問題があると認識されていないが、差別で苦しむ人がたくさんいる。地方から出てくる多くの人は隠れて生活している。こういう現実のギャップを克服していく必要がある。A住職は大変努力をしてくれ感謝している。この経験を通して部落差別や人権の問題に取り組んでほしい」と要請して終了した。

曹洞宗大本山總持寺伝道掲示板問題

1998年8月から9月にかけて、總持寺に二カ所ある伝道掲示板に「上見ればほしいほしいの星だらけ　下見て暮らせ星の気もなし」という文言が掲示されていたもの。

曹洞宗側の「確認書」によると、この文言は当時伝道掲示板の担当をしていた總持寺の布教師が、自分のノートに書き留めていた言葉の中から選んだものとのこと。古くから言い伝えられている「道歌」の中のひとつではないかと思われるが、出典は不明という。

曹洞宗側の説明によると、掲示板にはその文言の説明文が備えられていたとのことであったが、この掲示板を見て県連に問題提起をした人によると、解説文はなかったという。

同解説文には「お釈迦様は"少欲知足"の生き方を教えています。私たちはこの世にはだかで生まれ、はだかであの世とやらへ行くことを考えると、"少欲知足（欲を少なくし、今に満足すること）"の生き方が大事なのではないでしょうか。皆さん勘違いしないで下さい。"少欲知足"とは『何かを我慢することではないのです。分けあえば足りる』ということなのです」などと記されていた。

なお、「少欲知足」とは、釈尊の最後の説法を記した「遺教経」に「八大人覚」と呼ばれる教えがあり、八大人覚とは、仏教徒が自覚すべき八項目という意味で、第一項目が「少欲」、第二項目が「知足」。

宗祖・道元の教えに立ち返る
曹洞宗側の決意「教団全体の問題として取り組む」

　曹洞宗大本山・總持寺伝道掲示板問題第1回確認会が、1月24日、尾道市解放センターで開かれた。

　曹洞宗側からは、宗務庁人権擁護推進本部から黒柳祖道・本部次長ら5人、總持寺から渡辺剛毅・監院や標語を掲示した布教師ら8人、広島県宗務所から鈴木章純・所長ら2人が出席。県連からは中村委員長をはじめ県連役員や同盟員50人が参加した。

　県連を代表してあいさつに立った中村委員長は「宗祖・道元禅師の教えに照らして、本件の問題点などを究明していただきたい」と述べた。

　曹洞宗側からは、黒柳・宗務庁人権擁護推進本部次長、渡辺・大本山總持寺監院がそれぞれ、①掲示内容は「上見て暮らすな、下見て暮らせ」という部落差別の助長を意味するものである。②今回の問題は布教師個人の問題ではなく、曹洞宗全体の教義理解や人権意識の問題であると受け止めている、③広島県連との話し合いの中で、真の曹洞宗の教義とは何かをより明確にしていきたい……という主旨のあいさつをした。また、掲示板の文言を作成した布教師本人の反省のあいさつも行なわれた。

　總持寺と曹洞宗宗務庁がそれぞれ作成、昨年11月に県連に提出していた「報告書」及び「見解」に基づいて行なわれた。

　「報告書」や布教師本人の反省文は、①伝言板の文言は「少欲知足」の大切さを説く意味で引用した、②これは例えば、社会階層の意味でとらえ、引用したのではなく、まして「上見て暮らすな、下見て暮らせ」の差別的意識とは全く別の観点からの、異なる趣旨の文言として引用したものである、③しかし、掲示板の文言だけを読むと誤解されることも考えられ、不適切な引用であった――という趣旨になっていたが、開会あいさつ、「報告書」の説明、布教師の反省では、「県連に提出している文書は言い訳に終始しており、自分自身の誤りに対する反省がなかった」という趣旨の発言が相次いだ。

県連からは、まず、県連に提出されていた「報告書」に基づいて、この文言は「上見て暮らすな、下見て暮らせ」という差別思想そのものではないか、と問いただしたのに対して、この文言が差別そのものであったことを認めた。県連は「冒頭にそのような反省をしているのなら、なぜ、書き換えた反省文を今日の確認会に用意しなかったのか」と追及。この追及後、用意していた總持寺としての「謝罪文」と布教師の「反省文」が配付された。

　その後、県連からは①このような問題が起きてくる曹洞宗内部の「縁」（原因・背景）を分析すること②「少欲知足」をどのように理解しているのか…などと見解を求めた。

　①については、即答することができず、次回までの課題とすることにした。

　②については、「『八大人覚』は釈尊が出家者に対して遺した言葉であって、出家者以外の人に言うこと自体が間違いであった」と述べたが、「少欲知足」の大切さを伝えようという意図で「上見て暮らすな、下見て暮らせ」という文言になってしまったその「少欲知足」の理解はどうであったのか、そして、釈尊の本当の教えはどうなのかについても、明確な回答はなかった。

　さらに、県連からは「宗祖の道元禅師は、『権力に近寄るな。都会に住むな』などと仏の道を徹底して歩んだが、現在の曹洞宗はどうなのか」などという問いが発せられた。

　かつて、曹洞宗は1979年の町田宗務総長（当時）の差別発言、85年の「広島県家系図差別事件」などを反省する中で、「悪しき業論」を克服するなどの取り組みをし、一定の成果をあげてきたが、その後、時間の経過と共にその精神が薄れてきたのではないかと思われる。今回、出席した曹洞宗側の幹部も、その点の認識については共通したものがうかがわれ、今回の問題の反省・総括の中で、宗祖・道元禅師の真の教えに立ち返ることが期待される。

境内の公衆便所に差別落書き

奈良県桜井市にある真言宗豊山派の総本山、長谷寺にある2カ所の公衆便所で、差別落書きが1998年12月に発見された。

差別落書きは「東京の護国寺で起こった幼児殺害事件の容疑者は、部落出身であり、夫は破戒僧、その子どもは動物である。容疑者家族に死の制裁を下せ」というもの。

話し合いには、奈良県連、桜井市協をはじめ長谷寺関係者、桜井市行政などから26人が出席した。はじめに桜井市人権啓発室と長谷寺が事件の事実確認と、その後の対応について報告。

その後、県連が長谷寺は真言宗豊山派総本山であること、また「破戒僧」などの一般的になじみの薄い文言を使っていることから、落書きは宗教関係者によって書かれた可能性が高いと指摘した。

これに対し真言宗豊山派から「東京で起こった問題が長谷寺に書かれており、長谷寺と護国寺の関係（長谷寺は豊山派の総本山、護国寺は総本山の下にあって所属の末寺を統轄する大本山）を知っている者によるものと考えられる」と見解が示された。

さらに「僧侶のあいだでは、破戒僧という言葉は使っていない」「内部の人が書くには内容が幼稚ではないか」と、寺の関係者による落書という考えについての疑問も出された。

意見交換では、市協の参加者が山内の研修への意見などを出し、最後に県連が真言宗豊山派としての見解を文書で要請した。

○発覚の日時　1999年12月12日（日）午前9時30分頃。
○発覚場所　長谷寺公衆便所内男子便所大使用トイレ・タイル壁面。
○真言宗豊山派・総本山・長谷寺として、今回の長谷寺「差別落書事象」を通して、2000年6月1日段階であらためて「事象の差別性と問題点」「課題と取り組みの方策」を明らかにされています。
○豊山派の総本山・長谷寺（参詣寺院でもある）と、大本山・護国寺（東京）の関係を知る犯人像から考えられることは……。
○宗団として、反省と学習、研修を積みあげてきた取り組みは何であったのか。
○差別戒名・墓石を持ち「真言宗実践双書」という差別図書を刊行し、差別講義・差別発言等、多くの許されない言動をしてきた宗団及び住職が、「人権・差別」の問題を、自らのものとして、どれだけ生かしてきたか……。

　これらを、一つひとつ、全宗団のものに、していくこと。徹底・実践していくことが、痛切に期待されるところです。

宗教者は　人間平等　差別解消　務めを果たせ

差別戒名
差別講義
差別発言
差別図書

真言宗実践双書

うちの宗内はいろいろ差別の前歴があるからなァー

差別公報事件
国政（参議院）選挙

2001（平成13）年7月29日（日）、参議院議員の選挙が実施された。

巷間、「戦後、3番目に低調な選挙であった。棄権者が多かった。○○人気とか、いわれる割に、投票率が低かった。

選挙違反だけが、従前の2倍にはねあがった」

「大切な政策決定の場だというのに、タレントまがいの、人気投票まがいの、こんな選挙でいいのだろうか。テレビで顔の売れた、知名度の高い、にわか候補者のかきあつめで、本当にいいのだろうか」

などなどの、辛口の批評が、聞こえてくるのだが……。実像か、虚像か、この国の"かたち"を求めて国政選挙が実施されたのだが……。

いまから、ちょうど30年前にも、参議院選挙がくりひろげられたものであった。
　そして、満天下、唖然とするような、世にも不思議な「差別選挙公報問題」が、もちあがったものであった。
　「公職選挙法」には、168条と169条に、掲載文についての取り決めがあり、「掲載文については、原文のまま選挙公報に掲載しなければならない」旨がうたわれており、特に168条の第5項において、150条の2項の「政見放送における品位の保持」の規定の準用が定められています。
　中央選挙管理委員会(当時)は、この公選法の168条、169条の遵守については問題意識を持ってはいたものの、「差別をなくす。差別を助長するようなことはしないし、あってはならない」という認識は欠けていたのではないかと考えられます。
　当時、部落解放同盟の委員長より、中央選管に対して「部落差別を助長し拡大再生産する表現は、選管の責任でただちに削除せよ」という強い申し入れがなされていました。
　しかし中央選管は、「表現の自由」を根拠に公選法の「義務づけ」(原文のまま掲載しなければならない)の枠内でしか判断をし得ない状態であった。結局「まだ印刷をすませていない府県のうち、とくに問題が起こると予想される大阪・京都・広島の三府県について、公報の一部を中央選管の責任で削除するという選挙史上初めての非常措置を取ることを決めた」(『朝日新聞』1971(昭和46)年6月17日、朝刊)

　当時の中央選管の考えは「あくまで選挙を円滑に実施したいと考えているだけで、法制上の問題について意見を述べることはひかえたい」というものであったように思う。かくして公選法の明文に従った措置でない「異例の措置」がなされたのであった。ここでは、
　詳細な経緯は、これ以上は述べませんが、「地方選管」の独自の見解で、「選挙公報からの差別用語の削除」を決定し配布したのは、実に26都府県に及んだものでした。
　「大阪・京都・広島につづいて、兵庫、福井、長野、滋賀、三重、奈良、和歌山、鳥取、岡山、山口、徳島、香川、愛媛、高知、福岡、佐賀、東京、埼玉、栃木、群馬、岐阜、島根、熊本」の26都府県です。

　今なら、どうするというのでしょうか。今後、再び、繰り返されないという保証はないと考えるのですが。

参院選挙公報
差別糾弾要綱

窪田氏の差別文書

　1971（昭和46）年6月27日に行なわれた参議院議員選挙において、全国区候補者〇〇〇〇氏は、選挙公報に次のような立候補の文書を載せました。

　エッタ精神解放運動家岩屋梓梁顕彰会
　　　　　　　　　　会長　〇〇〇〇

　エッタの語源は易断である。

　現在、全国に6千部落もあるエッタなる名の語源は「餌取」とか「穢多童」なる賤民でなく、本当は易断政府の「易断」である。

　易断教団政府を樹立した岩屋梓梁

　私は、終戦後、生地鹿児島県伊集院で、祖母から渡された古文書に基づき、過去20数年歴史を研究、その結果、伊集院神殿生まれの橋口弥次郎左衛門兼清こと僧岩屋梓梁が、永正末期室町幕府を倒して、神仏習合、天皇中心の祭政一致の易断教団政府を樹立し、現在、エタ等と言われている人々の祖先は、この易断教団政府に参画した神官、僧侶、惣、座、学問、芸能等の支配者群だった史実を知ることが出来た。

　徳川家康は岩屑梓梁の子

梓梁は多くの古典を書き、易断政治確立と、徳と信和の精神広宣のため全国遊説中岩屋天狗（巨人弥太郎どん）と畏称され、広く、田楽、風流、神楽など多くの子を残した。また、地球の半分程を踏査、後に琉球王尚清となったが、熊沢蕃山は、梓梁を、智仁勇兼備の大人物だったと絶讃した。事情あり、私の研究は出版不能。もっと知りたい方は手紙下さい。郵便疑問の時、乞書留。

　私達の宝は物や金でなく、自分もみんな日本人であるという共通の心である。世界中に色の区別が無くなるまでの今後5千年間のうちに民族の心を失ったら日本人は外国の奴隷となる。私は、民衆と共に進む革新系民族運動を展開したい。防衛費半減、庶民住宅建設。東大経済卒、元将校。現在、東京都渋谷区大山町27の15

警保局パンフレット差別事件

　総選挙をめぐる差別事件は、敗戦前にもあった。1927(昭和2)年、普通選挙法実施についての、その違反取締について、当時の、内務省警保局の作製した「パンフレット」のなかに、許しがたい差別の内容があり、当時の「全国水平社」が糾弾し、ときの内務省をしてその差別の非を認めさせ、それを全面的に撤回させた闘いであった。〔警保局パンフレット差別事件〕である。

　それまでは、一定の納税者でなければ、選挙権がなく、いわゆる〔制限選挙〕であったが、25歳以上の選挙権、30歳以上の被選挙権が、男子に限って認められ、「普通選挙」ができるようになった。1925(大正14)年のことである。但し、女性については、全面的に、差別され、選挙権も被選挙権も認められなかった。女性差別の上に成立した普選法であった。女性差別を普通とした「差別選挙法」であったことを、直視しておかねばならないと思う。

　こうして成立した普選法が、最初に実施されたのは昭和3年2月であった。この第1回普選には、当時の松本治一郎、西方万吉、三木静次郎など水平社の幹部も立候補している。この普選法の実施に当たって、選挙違反取り締まりのために、全国の警官に配布した解説書の中に次のような驚くべき差別表現があった。それは、問答式の形式をとって、普選法第112条2号の法文の解釈をめぐってであった。

　　問　選挙人ニ対シ血統正シキ良家ノ女ヲ嫁ニ世話スベキニ付自己ニ投票シ呉レタシト申込ミタル行為ハ第112条第2号ニ該当スルヤ。
　　答　選挙人ハ村内低級ニシテ地方的信用充分ナラザル者若シクハ特殊部落民ナル場合ハ申込ミノ効力ハ著シキモノナリ。

　いまこの「問答」の解説をする必要はあるまい。部落大衆を、選挙法の上で差別し、しかも賤称語も使っての差別である。これに対して、まず広島県水平社が取り上げ、昭和2年9月20日には、政府糾弾協議会を開き、次のような決議を行なっている。

　　選挙法第112条2号は、我等三百万の兄弟に対し侮辱の意志を表示せるものと認め、政府に対し自決を要求すると共に、その目的の貫徹を期す
　　　昭和2年9月20日
　　　　　　広島県水平社連合本部

これは当然、全国水平社も取り上げ、ただちに糾弾闘争に入った。糾弾委員が上京し、警察庁に抗議を申し込み、さらに内務省に厳重抗議した。他方この差別を全国の大衆に知らせるとともに、全国的な糾弾闘争を闘ったのである。

　内務省は、大狼狽して、前記の「内容」を全文削除することに決定し、各方面に通達したのである。当時の内務省の大岡文書課長は、

　「この印刷物は、急を要する場合であったため、不用意にも差別的な文書を存したることは、不穏当で遺憾であるから、同項は訂正することにした」

　差別をし、部落の兄弟姉妹に死活の影響さえ与えかねない差別的内察を押しつけようとしておきながらこの言い訳である。これは、他方において水平運動に対抗して融和事業を口にする政府であり、そして差別に対する糾弾を、暴力とか恐迫にすりかえて弾圧する政府がその上での差別である。そして「急を用した」とか「不用意にも」とか「無意識に」とか、こんどの中央選管の言い訳と、あまりにも似ていることに驚く。

　しかし、「取消し」で解決されるのではない。この差別糾弾の闘いを通して多くの部落大衆は、権力とはどういうものであり、政府とは何をするところであるかを知った。そして、口では「融和」をとなえ若干の部落に対する施策が、全く部落大衆の頭をなでるごまかしに満ちたものであることを知ったのである。

　この年の12月3日、4日に広島市の寿座で開催した、全国水平社第6回大会においては、「政府自身が差別の模範を示し、彼等が如何に差別を支持し、容認し、その激発に努めつつあるかと云う事を、現実に曝露したもの」としてこの事件をとらえ、運動方針の中でも適確に闘う方針を打ち出している。

　それは、「現内閣は水平運動を徹底的に圧迫する方針だ」と語らしめた"津刑務所差別事件"とともに取り上げ、次の方針を明確にしている。

融和は易く行うは難し

信用できぬ

差別

融和

おばめ恩し召しじゃありがたく思え

「警保局普選パンフレットにおいて、我々部落民を『村内低級者』扱いをしているではないか。しかもこれに対する我々の全国的抗議糾弾に対しては、徹底的に暴圧を加え、上京した糾弾委員に対する回答の如きも甚だ曖昧であり根本的に解決を見ていない。警保局事件の如きは一片の取消文がブル新聞に載ったに過ぎず、彼の二看守の如きまだ無事に首をつないでいる。

我々はこの事件を通して、政府が一層露骨に部落民を差別し圧迫しつつあることをはっきりと見た。彼等が如何に『差別撤廃国策確立』を叫んだところで、そんなゴマカシには乗らない。我々は飽くまで自主的差別撤廃運動をやるんだ」
（第6回全国水平社大会・議事綴から）

そして、その闘いの具体的方針として次の二つをあげている。
1. 単なる糾弾運動に止めず、第二段の闘争として差別撤廃の自由を政府に要求すること。
2. 田中内閣に対して抗議文を送ること。

この方針のもとに田中内閣に対して、第6回全国水平社大会名によって、「……政府自身のかかる露骨なる差別と運動に対して徹底的に抗議するとともに完全なる差別撤廃の自由を要求する」抗議文をつきつけている。

それから45年の歳月は流れた。水平社運動の力に抗して「融和事業」を対置した時の田中内閣と、いま全国的な部落解放運動の盛りあがりの前にごまかしの「同和対策事業」をもってしようとする佐藤自民党政府とあまりにも似ていることに驚かされる。しかし45年前との決定的な違いは、われらの部落解放運動は、強大な力と多くの人を納得させる理論的うらづけを持って、闘っていることである。そしてわれわれの闘いを支持する多くの国民のあることである。

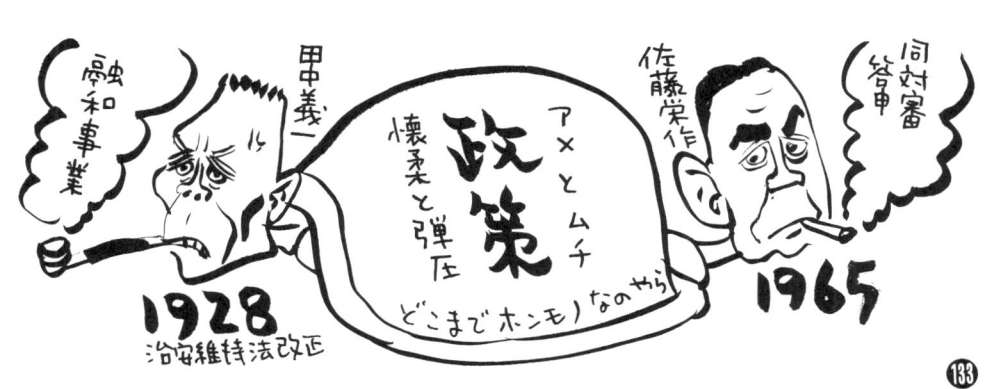

識字運動によせて

識字でおぼえる権利の自覚

　1996（平成8）年は、国際的な「識字活動」の「10カ年行動計画」の中間・折返し年次の初年度に当たります。

　1990（平成2）年は、国連が定めた「国際識字年」であったことは周知の通りです。

　ユネスコ（国連教育科学文化機構）が調査した1987年時点での調査統計では、「読み書きできない人（非識字者）」が、世界で9億2600万人にのぼります。

　とりわけ6億6600万人が、アジアに存在していると指摘されています。

　その原因の一つは、長い間の、植民地支配の歴史が深くかかわっていることは否定できません。また「非識字」の問題は、貧困や社会的差別と強く結びついています。

　また性差別（女性差別）も大きくのしかかっていることも見逃せません。

　農村や、都市スラム、そして女性に、非識字者が集中しているという結果が、多くの調査のなかで明らかになってきています。

　ユネスコにおいては、「識字」について、『日常生活における短い簡単な文章の読み書きができる人』を「識字者」、それが「できない人」を「非識字者」としています。

　しかしながら、識字の概念については様々な見解があり、またその概念は時代とともに変化をみせています。

　同じユネスコにおいても、単に読み書きができるという能力から、それを超えたものとして、いわゆる『機能的識字』＝複雑な社会の要請に対応するのに十分な識字レベルに達していること＝というような概念も設けています。

　また、「視覚障害者における点字」「聴覚障害者における手話」も識字の概念に入れるべきであるという考え方がひろまり強まっています。これからの「識字」の概念としては、日常生活における短い文章の読み書き能力を基本としながらも、視覚障害者における点字、聴覚障害者における手話を包含したものとしてとらえ理解・認識していきたいものと考えます。

「識字」「非識字」の問題は、基本的人権に関する問題なのです。人権問題そのものです。世界人権宣言や国際人権規約の中でも、「教育を受ける権利」は、すべての人々に等しく保障されるべき権利・人権として約束されています。

　識字問題は、差別や貧困などの結果、教育を受ける権利を奪われてきたという基本的人権に深く関わる問題なのです。

　国連においても、非識字の問題は、他の諸権利（自由と人権に関する）を享受する妨げとなる問題であり、人間性の発展と進歩に対する恐るべき脅威であるとしています。

　したがって非識字問題の解決が、世界の平和と発展につながるという認識のもとに、1987年の国連総会において1990年を国際識字年と定め、2000年までに非識字者をなくすという行動計画を策定したわけです。

女性は地球の半分。識字で変えよう南北格差。

日々の暮らし、日常生活の中でも、例えば、「駅の自動販売機で切符を買うことひとつがどれだけ苦痛で困難なことか！」という非識字者の声は、かき消されがちのようです。

　日本社会の現状は、まだまだ、このような声に耳を傾けているようには思えません。

　鈍感というか、切り捨てているというか、見て見ぬ振り……とでもいうのでしょうか。

　人権感覚の稀薄さというべきでしょうか。「非識字」の状態を、「人権無視・軽視・侵害」ととらえきれない弱さは、「文盲」という言葉が、久しく無反省のままに用いられつづけてきた日本社会の体質にも、それは端的に示されていたと言えるのではないでしょうか。「文盲」という表現は、文字の習得、学習の場と機会を保障されなかったという背景や条件を考えることもなく、「文字を知らないこと・読み書きできないこと」を「盲」というように表現することによって、非識字者を非難・侮辱するものであり、さらに、ひいては視力障害者に対する差別にもつながるものと言わざるを得ません。認識不足、見当違いも甚だしいものと思います。

働きづめで生きてきて勉強する時間なんてなかったよ

　日本国内に限ってみても、同和地域の人々のなかに、あるいは在日韓国・朝鮮人の人々のなかに、また、外国人労働者や、海外からの帰国子女の人々のなかに、文字の習得、学習の必要性のある人々が少なくありません。

　その数は、300万人に達すると言われます。とりわけ、全国各地、600学級に及ぶ同和地域の、識字学級・（識字教室・解放学級・よみかき教室）は、「草の根・民主主義教育」日本の識字運動の源流として注目され、国際的な交流の輪も広まりつつあります。

学びたい

外国人労働者　帰国子女　在日コリアン　同和地区

識字教室を必要としている人はたくさんいる

1963年頃の福岡県行橋市の開拓学校から始まり、やがて、福岡県内の田川郡・鞍手郡（くらて）などの、筑豊産炭地帯を中心に発展し、次々と全国各地の同和地域に「識字運動の灯」が点々とその輪を広げていったものです。

　1964（昭和39）年には、大阪府布施市（ふせ）（現・東大阪市）に〈蛇草（はぐさ）識字学校〉が誕生するなど、部落解放運動の発展とともに、特に全国婦人集会などを通して急速に全国に広まり根づいていったものでした。

　一なぜ文字を知らなかったのか。それが差別であることをはっきりとさせましょう。

　文字を知る権利を奪われてきた、その訳をつきとめていきましょう。

　部落に生れ育った、わたし達が、どんな生き方をしてきたのか。自分の生きてきた道すじを明らかにしよう。

識字運動・解放運動にめざめ、取り組むことによって、自分がどう変わり、子どもや家族や地域が、どう変わっていったか明らかにしましょう。＝これは1971（昭和46）年の、部落解放全国婦人集会で示された、話し合いの問題点の柱だての一部ですが、部落差別の根底から教育を人権として問い直す識字運動発足の原点を示しているものと言えます。「差別」とりわけ部落差別は、その人の生涯・幸せに生きる道筋の、すべてを奪い去るものであった……といっても過言ではないと私は思っております。

　とくに文字を奪われた者にとっては「働く権利を奪われ、社会生活を楽しく円滑におくるすべをもぎとられ、そして豊かに形成されるべき人間性・人間的感性まで破壊してやまなかったもの……」と断ぜざるをえません。

　この間の実情を大変よく言い表しているものが、よく知られている「字をおぼえて夕やけが美しい」の識字作文（手紙）です。1995年高知県香美郡赤岡町主催の「人権講演会」の講師として招かれた機会に、晩年の〈北代色さん〉の御住居の跡も訪れ、その生涯の御苦労を偲びながら、いろいろなエピソードに耳を傾けたものでした。

　ちなみに、「夕やけが美しい」の作者・筆者の、北代色(きただいいろ)さんは、1904（明治37）年に高知県の足摺岬(あしずり)にほど近い土佐清水市の小さな同和地域に生まれた方で、幾多の辛酸をなめつくし、戦争で夫を奪われたのち、小学校３年生の子どもを連れて、親戚を頼って赤岡町に移り住み、1983（昭和58）年５月12日、80歳の高齢で他界されました。

　その全生涯を差別の中で生き抜いた女性であったと言えるでしょう。その彼女が、1973（昭和48）年２月28日付で、識字学級で習い覚え、奪いかえした文字で、一字一字心血を注いで書き綴り（解放運動の指導者であり識字教室の生みの親とも言うべき、Ｍさん宛に）、生れて初めて差し出した『手紙』が、その手紙のなかの文章から、《字をおぼえて・夕やけが美しい》が特筆され、全国的に紹介され、広く人口に膾炙(かいしゃ)するにいたったものであります。

それでは「エピソードの一つ」と、「手紙」を紹介してみたいと思います。
　色さんが13歳の時、貧しい家の、生活を支えるために、大阪の岸和田にある紡績工場の「女工」として働きに出ることになりました。5歳ぐらいから、子守りや家事の手伝い、母親のつくった草履売りの行商……のあけくれの続く子ども時代で、教科書も買ってもらえるどころでなく学校の門をくぐったことはありません。読み書きのできない、色さんの紡績工場での苦労は筆舌に尽しきれません。
　しかし気の合った仲間と励ましあい、きびしい労働に耐えつづけました。そんな、色さんに青春が訪れて、気だての優しい色さんに恋心を抱く若者が現れたのです。色さんは、その頃をなつかしみ追想しながら、次のように話してくれたといわれています。
《しぶい、ええ男でした。用事もないのに私の側によく来てねえ。私に気があったのでしょう。そのうち今でいうラブレターを友達にあずけてくれるんです。私は字が読めないから、その友達に読んでもらった。返事も出さんといかんので友達に代筆してもらってねえ。手紙をもらうのがうれしゅうて……。

好きやとは書いていないけんど、はげましの言葉がうれしかったわねえ……。
　けれど、いつのまにか、手紙がこんようになったわね。どういう訳じゃろと友達に聞いてみたけんど、その友達の様子がどうも、おかしいんじゃ。よく聞きただしてみるとね、"色さん、すまないっ"て。代筆して、彼に手紙をわたしているうちに、私にとってかわって、友達が、我が恋にしてしまったんですね。くやしくて、くやしくて……。
　字を知らんことが、こんなにつらいとは……。それでね、その紡績工場をやめてしまったがよね……》
　かくして、岸和田の紡績工場での、色さんの青春の夢は5年目で、はかなくもついえさってしまいました。「非識字」のための失恋・悲哀というほかありません。
（このあと九州小倉で知人宅の手伝いをしているとき知り合って結婚しますが、差別意識の強さに失望し、身を引き帰郷します。）

「手　紙」　　（夕やけがうつくしい）

　わたしは、うちがびんぼうであったので、がっこうへいっておりません。

　だから、じをぜんぜんしりませんでした。いま、しきじがっきゅうでべんきょうしてかなはだいたいおぼえました。

　いままで、おいしゃへいっても、うけつけでなまえをかいてもらっていましたが、ためしにじぶんでかいてためしてみました。かんごふさんが北代さんとよんでくれたので、大へんうれしかった。

　夕やけを見てもあまりうつくしいと思はなかったけれど、じをおぼえて、ほんとうにうつくしいと思うようになりました。

　みちをあるいておっても、かんばんにきをつけていて、ならったじを見つけると大へんうれしく思います。

　すうじおぼえたので、スーパーやもくよういちへゆくのもたのしみになりました。

　また、りょかんへ行ってもへやのばんごうをおぼえたので、はじをかかなくなりました。

　これからは、がんばって、もっともっとべんきょうをしたいです。

　　十年ながいきしたいと思います。

　四十八年二月二十八日　北代　色」

この手紙、北代色さんが、生まれて初めて書いて出したこの手紙の最後に、「もう十年ながいきしたいと思います」と述べられたとおり、色さんは、それから10年ののち、1983（昭和58）年の5月12日に亡くなられています。しかしこの手紙は今も生きています。

《字を覚えて夕やけが美しく見えた》というこの言葉は、「識字」を語る、すべての人々の心に強く刻まれ、生き続けています。取り戻した人間的感性の喜びが響いています。

薬の匙加減
虚と実を間違えるな

　当今、医は算術であって「医は仁術・鬼手仏心」というような高邁な医家の倫理感や処生訓は見る影なしというのが現状でしょうか。

　往年の三船敏郎演ずる江戸は小石川養生所の"赤ひげ先生"か、萬家錦之助紛する蘭法医、破れ傘刀舟先生などの、無欲恬淡、胸のすくような名啖呵！　医術の腕も大したものだが、弱い者いじめの悪徳商人や腐敗した権力の悪人ばらを懲らしめる凄い剣の腕！

　日頃の溜飲をさげるのは所詮、映画かテレビの画面での、はかない幻影かもしれません。

　ところで最近は〈良薬は口に苦し〉という諺も忘れ去られようという趨勢のようです。

　苦い薬も糖衣錠の製法が普及して全く苦さ知らずに服用できる御時勢となりました。

　このことは喜ぶべきことか、悲しむべきか、一概には言えないことではないでしょうか。

　苦いものは苦く、辛いものは辛く、酢っぱいものは酢っぱく、感じとれることが人間の体にとっても、心にとっても大切なことなのではないでしょうか。

　自然の摂理にかなった人間の生理を、あまりに人為的に、人工的に歪曲してしまうのは如何なものなのでしょうか。

　過保護や、薬漬け、乱診、乱療などの弊害も、苦い薬が苦いことによって、少しは是正、改善されるのではないでしょうか。

　甘い御菓子やジュースを飲むのと大して変わらない錠剤や飲み薬では、薬に対する慎重さや警戒心も薄らいでしまいます。ごまかし、ごまかされている事になります。

　薬にも、プラスとマイナスの両面がある筈です。副作用の危険もついてまわる筈です。毒にもなれば薬にもなるわけだと思います。

　かの百薬の長たる酒でも「過ぎるを以て毒となす」と言われるではありませんか。

　いまの世の中「真と偽、実と虚」が入り乱れて横行する傾向が強まっているように感じられます。真実を見極めたいものです。

昔なら丸薬ひとつのむのに大騒ぎだったが

今はトーイとやらでニコニコだものね

黙っていても
考えているのだ
俺が物言わぬからといって
壁と間違えるな
（壺井繁治）

人権学習

こっちの話は苦いぞ

最近では口あたりがいいように桃やオレンジの天然果汁と香料を入れてグミキャンデー風に作った解熱剤が試作されたといわれます。飲まない薬は効くためしがないので飲みやすくする工夫は大切ですが、ほどほどに願いたいものです。それは人権部落問題学習にも言えます。真剣に聴こうとも読もうともしない同和教育・人権学習では無意味なことです。形骸化、空洞化、見せかけだけの似非同和教育は歎（なげ）かわしいことです。差別撤廃・人権確立をめざす真実の教育を活かしたいものです。

同和教育・人権部落問題学習は〈耳に痛い諫言・口に苦い良薬〉と共通しているところがあるように思います。

「糖衣」だけを飲んでも無意味ですし、「甘言」だけでは人間は反省もせず変革もしません。さりとて強引に押しまくると相手は後退しますし背を向けます。緩急自在が大切です。

詩人・壺井繁治に次の短詩があります。

「黙っていても／考えているのだ／俺が物言わぬからといって／壁と間違えるな」

奈良・正倉院の薬は、1200年たった今も、薬効成分が存続していることが科学調査で証明されています。校倉造りと木箱（唐櫃（からびつ））の保管力の驚異的な力も大きかったと考えられています。

それに、あやかって……。老書生川内の話も、耳に逆らい、口に苦いが、よく効きます。

一度ならず、二度、三度おためしあれ！

これより先
将校以下の
立ち入りを禁ズ
神社⛩

Ⅲ部

平和と
生命と
人権
のために

「爆弾三勇士」鎮魂譜
軍神になれなかった「坑夫の神様」

戦争は天災ではないし、差別は宿命ではない。それはともに、支配者、為政者、権力者によって政策的に、仕組まれ、つくりだされ、人間の尊厳とそのいのちとくらし、幸せの一切を奪いとり踏みにじるものであった。

そうであればあるほどに〈戦争と貧乏と差別〉のない世の中の創造こそ、わたくし達の"佳き日"にかける切実な「のぞみ」です。

ここに、その時代の生みだした「戦場」という歴史の舞台で"壮烈な死"をもって生命を散華させた庶民の偶像「三勇士」の物語を学びかえし、痛恨愛惜の真心でもって追慕したいと思います。

再び「軍靴」の音、突撃ラッパと火砲の響を繰返さぬために。

戦争は自由と人権を抑圧し、差別を強める。そして同時に、日々の生活の中で、差別を遺し、繰返し続けることは平和の基礎を堀り崩す。

平和。平和は「戦争」と「差別」を許さぬ不退転の意思と決意と実践とによってこそ守られるもの……。

チョー大国アメリカがアフガニスタンに仕掛けた戦争にお先棒かつぐ日本
旗を見せろ→汗を流せ→血を流せ

金さん出せばよいのに
早トチリして
アホな奴だ

爆弾三勇士

与謝野　寛（鉄幹）作詞
辻　順治　作曲

1　廟行鎮(びょうこうちん)の敵の陣
　　われの友隊すでに攻む
　　折(こお)から凍る二月(きさらぎ)の
　　二十二日の午前五時

2　命令下る正面に
　　開け歩兵の突撃路
　　待ちかねたりと工兵の
　　誰か後(おくれ)をとるべきや

3　中にも進む一組(ひとくみ)の
　　江下(えした)、北川、作江(さくえ)たち
　　凜(りん)たる心かねてより
　　思うことこそ一つなれ

4　大地をけりて走りゆく
　　顔に決死の微笑あり
　　他の戦友に遺(のこ)せるも
　　軽く「さらば」と唯一語

5　時なきままに点火して
　　抱き合いたる破戒筒
　　鉄条網に到りつき
　　わが身もろとも前に投ぐ

6　轟然おこる爆音に
　　やがて開ける突撃路
　　今わが隊は荒海の
　　潮のごとくに躍り入る

7　ああ江南の梅ならで
　　裂けて散る身を花となし
　　仁義の軍に捧げたる
　　国の精華の三勇士

8　忠魂清き香を伝え
　　永く天下を励ましむ
　　壮烈無比の三勇士
　　光る名誉の三勇士

（註）

　作詩は、毎日新聞社が募集したが、適当な作品がなかったので審査員だった与謝野寛がみるにみかねて作詩し、これを当選歌として発表したものであって、当時は反戦詩人・「君死にたまふこと勿れ」で著名な与謝野晶子の夫でありながら戦争を讃美するとはなにごとかという批判が高まったといわれている。

　尚、作曲は従軍した辻順次隊長の手によるものであることが戦後判明した。

久留米市にある「久留米第12師団」に動員令が下ったのは、1932（昭和7）年2月2日午前8時のこと。
　金沢第9師団を主力とする「上海派遣軍」の先遣部隊として「24時間以内に「混成一個旅団」を編成せよ」という命令であった。
　「爆弾三勇士」の作江伊之助、江下武二・北川丞の3名は、この混成第24旅団・松下工兵中隊東島小隊・内田分隊に所属する工兵一等兵であった。

　この大作戦に際して久留米混成第24旅団に与えられた任務は、北は廟巷鎮から南は江湾鎮にまたがる中国軍第一線陣地の攻略であった。江下一等兵らの所属する松下工兵中隊は、午前5時呉淞（ウースン）機関庫を出発して呉淞西南方地区ぞいに、旅団本隊の前進を容易ならしめるため、破壊された橋梁の架設や道路の補修に当たった。しかし、無数のクリークに阻まれて前進は遅々として捗らず、廟行鎮当方約1粁の麦家宅に達したのは、既にこの日の夕刻であった。部隊はここで一夜を明かして攻撃準備を完了し、翌21日払暁を期して敵陣地を奪取することに決せられ松下工兵中隊は主力部隊の攻撃のために、総計6条の突撃路の開設を命じられた。

感動したなあ

21年わが手で育て
三月見ぬ間に国の神
　　当時、母の嘆きであった

破壊筒を携えて、江下、北川、作江たち、東島小隊の破壊班が歩兵大隊の第一線に進出したのは、明けて22日の午前3時であった。
　陸軍参謀本部編の「上海付近の会戦（上）陣地攻撃及追撃」は、これを次のように記録している。
「第一中隊ハ午後一〇時逐次小隊ゴトニ敵火ノ間断ヲ利用シ、主トシテ匍匐（ほふく）ニヨリ敵前一〇〇メートルニ達シテ突撃陣地ヲ構築シ、二二日午前一時頃ホボコレヲ完成……各小隊長ヲ集メ小隊ゴトノ目標ヲ示シテ、同三時四〇分ヨリ二〇分間援護射撃ヲ行ワシメ、特ニ機関銃小隊ニ対シ右正面ノ敵側防機関銃ノ制圧ヲ命ゼリ。
　既ニシテ制圧射撃開始セラルルヤ、敵陣地ハ蒙々タル硝煙ニ包マレ、敵マタコレニ応射シテ頗ル壮絶ヲ極ム。コノ時左小隊長伊藤茂富ハ破壊班ヲ率イ敵火ヲ冒シテ匍匐前進ヲ開始ス。

タマタマ雲去リ満月煌々トシテ中天ニサエ我ガ企図マサニ暴露セントス」
「廟行鎮東北側陣地ノ機関銃ナラビニ機関砲猛威ヲ逞シウシ、損傷ヨウヤク多カラントシ、シカモ時間ハ刻々ニ移リテマサニ五時三〇分ニ垂（なんなん）トス」
　煙幕を張るために発煙筒を投げた。
「幸ニモ微風オモムロニ煙ヲ運ビテ敵陣ヲ覆イシヲモッテ、工兵ノ第一班長ハコノ機逸スベカラズトナシ、自ラ各組ノ先頭ニ立チテ突進スルヤ、時既ニ煙幕薄レテ敵ノ射撃サラニ猛烈ニ集中シ、忽チニシテ殆ド全員ソノ任ニ斃レ、企図遂ニ挫折セリ」「一時不成功ヲ思ワシメシガ、再ビ起ッテ刻々点火ノ機切迫セル破壊筒ヲ抱イテ、敢然鉄条網ニ驀進シ遂ニコレガ挿入ニ成功ス。
コノ間一発轟然タル爆音トトモニ、全員壮烈ナル爆死ヲトグルニ至レリ」
　午前六時一〇分、廟行鎮の一角が占領された。これが、いわゆる「爆弾三勇士」の正史である。

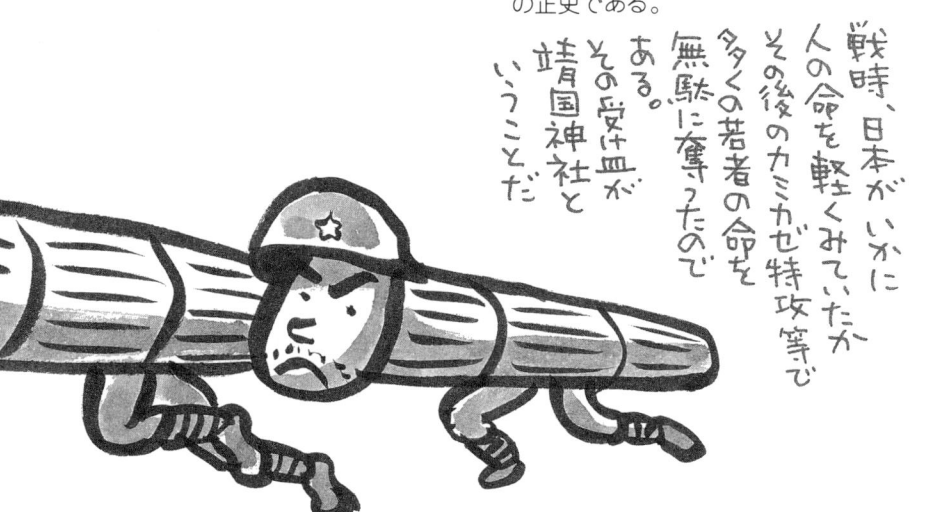

戦時、日本がいかに人の命を軽くみていたかその後のカミカゼ特攻等で多くの若者の命を無駄に奪ったのである。その受け皿が靖国神社ということだ

当時の新聞報道の様子を見ることにしょう。

〔上海特電23日発〕23日午後4時〇〇団司令部発表＝22日払暁〇〇第〇〇団は独立で廟行鎮の敵陣地を突破し、友軍の戦闘を有利に導いたが、その際自己の身体に点火せる爆弾を結びつけ身をもって深さ4メートルにわたる鉄条網中に投じ、自己もろ共にこれを粉砕して勇壮なる爆死を遂げ、歩兵の突撃路を開いた三名の勇士がある。

〇団以下全〇団の将兵はこれを聞き伝え、深き感謝と哀悼の情をささげている。

その勇士は左の通りである。

工兵〇〇隊一等兵江下武次（佐賀県神崎郡蓮池村出身）同北川丞（長崎県北松浦郡佐々木村出身）同作江伊之助（同平戸町北川出身）」

（『大阪朝日』昭7・2・24）

〈帝国万歳〉と叫んで吾身は木葉微塵、三工兵点火せる爆弾を抱き鉄条網へ躍り込む
（『東京朝日』2・24）

肉弾で鉄条網を撃破す、点火した爆弾を身につけて躍進した3人の1等兵、忠烈まさに粉骨砕身
（『西部毎日』2・25）

壮烈三勇士の戦死、爆薬を身につけて、敵の鉄条網に躍込んで戦死
（『福岡日日』2・25）

「肉弾によって皇軍の志気を鼓舞した三勇士の比類まれな行為を称揚するため、陸軍省恩賞課では許された範囲内での最高の恩賞、勲六等と金鵄勲章の恩命に浴せしむるほか、天皇陛下の上聞に達したいと考慮中であるが、陸軍省では往年の広瀬、橘両中佐の行為にもまさる軍事美談として教科書にその勇士を謳歌し、三勇士の霊を慰めたいと考慮中である」
（『大阪朝日』2・25）

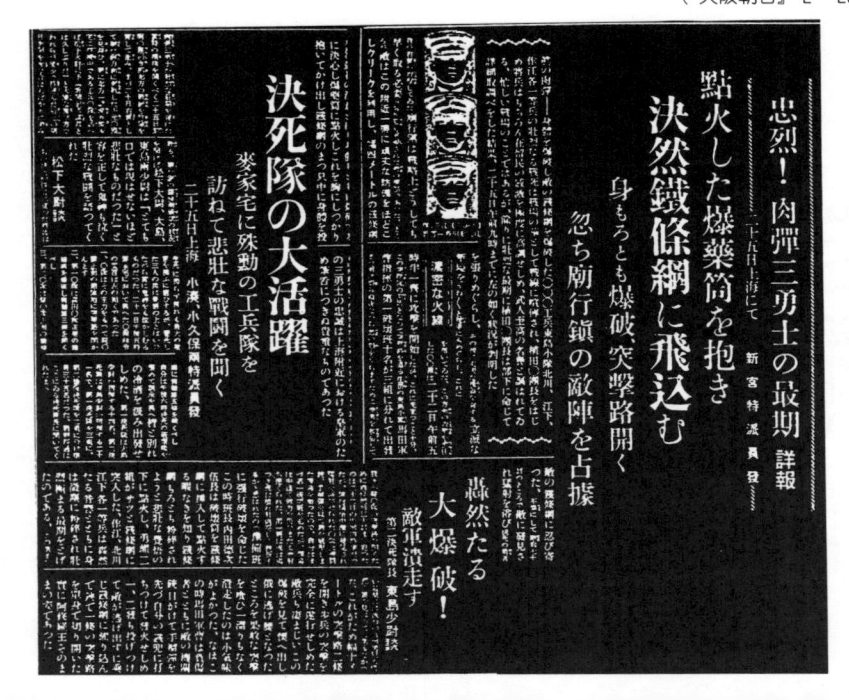

「○○留守師団では遺骨到着と同時に師団葬、大隊葬を盛大に挙行するほか、大隊では営内に三勇士の銅像または記念碑を立て、伝記にも編集して一般に配布するものとみられている」

（『大阪朝日』2・25）

忠烈！　肉弾三勇士の最期　詳報
──25日上海にて　新宮特派員發──
　　點火した爆薬筒を抱き
　　決然鐵條網に飛込む
　　身もろとも爆破、突撃路開く
　　忽ち廟行鎮の敵陣を占拠
　眞の肉弾──身體を爆破し敵の鐵條網を爆破した○○○工兵東島小隊北川、江下、作江各一等兵の壮烈なる戦死は戦場の華として戦線に喧傳され、植田○團長をはじめ将兵はもちろん在留民の感激を極度に高調せしめ、武人至高の名譽と謳はれてゐる。忙しい戦場のことではあるが、餘りに壮烈な最期に植田○團長は部下に命じて詳細取調べをした結果、25日午前9時までに左の如く状況が判明した。

　我が有翼が攻撃してゐた廟行鎮は戦略上どうしても早く取る必要があり最も重視された敵の據點であった。ところが敵はこの附近一帯に頑丈な防備をほどこしクリークを利用し、幅4メートルの鐵條網を張りめぐらし、その後に丈夫な掩蓋を有する立派な塹壕をうねうねと幾重にもめぐらし、これに濃密な火線を布いてゐた。この方面の攻撃を擔任（たんにん）した○○團は22日午前5時半一齊に攻撃を開始したが、これに先立つこと10分、この突撃隊の尖兵となって突撃路を造る任務の東島小隊馬田軍曹指揮の第1破壊班10名が3組に分れて出發、まだ明け切らぬ夜ながら敵の眼をくらますために煙幕を展張して敵の鐵條網に忍び寄った、不幸にして敵前70メートルのところで敵に發見され猛射を浴び決死の勇者はばたばた斃れ不成功に終ったのでこの状況を見た東島小隊長は時を移さず豫備の破壊班に突進を命じた。班長内田伍長は爆薬筒を鐵條網中に運んで點火爆發せしめゐては到底望みが達せられぬのを覺悟して班員と身をもって爆破誓ひそれとなく小隊長と水筒の水で水杯を交し折から消えかかる陰暦17日の残月を浴び二組に分れ出發した。幸ひに月が曇り出して敵の目にもつかず、各自爆薬筒を兩手で抱き敵弾のため爆發しないやう身體で託ひつつ鐵條網に近づいた。

「いい部下を持ってシアワセだ」

兵隊死して
たる將官
勳章ブーラブーラ
恩給がッぽがッぽ

いよいよ鐵條網まで20メートル餘りといふところで敵の發見するところとなり猛射を受けたが二組とも完全に突進、一組は爆薬筒を鐵條網に仕かけて辛うじて退避した。北川、江下、作江各一等兵の組は爆薬筒を爆發せしめる遑（いとま）がないのみならずうっかりすると鐵條網まで行かぬうちにやられて目的を達せぬおそれがあるので3人とも最初の決意どほり身體もともに爆破するに決心し爆薬筒に點火しこれを胸にしっかり抱いてかけ出し鐵條網のまっ只中に身體を投げ付けて爆破、壯烈無比な戰史上にいまだ聞かざる。

戦死を遂げてしまった、この三勇士の忠死と他の一班の爆發でさしも頑丈な鐵條網も廣さ10メートルほど完全に破壊されて突撃路が開かれ〇〇〇團はこの道から突込んでまたたく間に廟行鎮東側陣地を占拠、ついで廟行鎮にゐた敵軍の精鋭たる警衛師を追ひわが全軍の作戰を有利ならしめた、眞先に突進して死傷した第1破壊班および三勇士とともに偉勲を樹てた豫備破壊班の他の1班の恩勇も無論であるが、この三勇士の忠誠は上海附近における皇軍のため筆舌につきぬ貴重なものであった。

決死隊の大活躍
　麥家宅に殊勲の工兵隊を
　訪ねて悲壮な戦闘を聞く
25日上海小湊・小久保両特派員發
肉弾三勇士が壮烈な最期を遂げた當時の模様を聞くべく25日黎明○團司令部北方の戦線をキケンを冒して進み、まづ20日右翼として廟行鎮方面に奮戦した下元○團を見舞ひ、更に北方１キロ餘り麥家宅に待機中である工兵○隊を訪へば松下大尉以下「新聞記者諸君とは久しぶりだ」と大変な喜び方でわれらが徒歩で持運んだ最近の朝日新聞を奪ひ合はんばかりに讀み耽る、廟行鎮の鐵條網破壊の状況を聞けば松下大尉、大島、東島両少尉は「とても口では現はせないほど悲壮なものだった」と容(すがた)を正して鬼神も泣く壮烈な戦闘を語ってくれた。
　　松下大尉談
あの決死的作業に従った将兵は生死に拘らず何れも最大の敵意を攜ふに値ひするが、斃死した３人の兵は覺悟の上とはいひながら實に鬼神をも泣かしむるものだった、21日午後５時麥家宅において與へた○隊命令の要旨は左の如くであった。
１．○隊はその主力をもって碇○隊正面の敵陣地に突撃路を開かんとす
２．第一○隊は森田○隊正面の鐵條網を爆破し突撃路三條を開くべし
３．第二○隊は碇(てい)○隊正面の鐵條網に突撃路五條を開くべし
自分は午後６時決死の破壊隊を進めて訓示を與へ皆と別れの冷酒を汲み出發せしめた、第１決死隊は大島少尉が指揮する14名、第２決死隊は東島少尉が指揮する21名で、第１決死隊を３組に、第２豫備決死隊を２組に訳總員35名だった戦闘経過はここにゐる決死隊長に聞いてくれたまへ。

泣きマネ上手の上官だノ

　　轟然たる大爆破！　敵軍潰走す
　　　第２決死隊長　東島少尉談
我々が掟○隊の突撃路を開くために鐵條網前30メートルまで迫ったのは22日の午前４時半だったが、陣地構築中敵に發見され猛射を浴びせられた○隊は機關銃、手榴弾を以て敵を威嚇しまた煙幕を張ったので、時分はまづ第１破壊班を進めたが、煙幕は中途で効力を失ひまたもや射ち捲くられた。第１班は或は傷つき或は斃れ壯圖空しく挫折するかと思はれたので豫備班に強行破壊を命じた。
この時班長内田徳次伍長は破壊筒を鐵條網に挿入して點火する暇なきを知り鐵條網もろとも粉砕されようと悲壮な覺悟の下に點火し、勇躍２組がサッと鐵條網に突入した、作江、北川、江下各一等兵は轟然たる音響とともに身は微塵に粉砕され壮烈極まる最期をとげたのである。この勇ましい最期には流石の九州男兒も愕然と眼を見はって言葉もなかった。これがため幅10メートルの突撃路二條を開き歩兵の突撃を完全に遂行せしめた敵兵も凄まじいこの爆破を見て慄(ふる)へ出し俄に逃げ腰となったところを果敢な突撃を喰らひ一溜りもなく潰走したのは小氣味がよかった。なほこの時馬田軍曹は負傷者とともに敵の機關銃目がけて手榴弾を先づ自分の鐵兜に打ちつけて發火せしめ１、２發も投げつけて敵が逃げ出すに乗じ鐵條網に躍り込んで鋏で一條の突撃路を單身で切り開いた實に阿修羅王そのままの姿であった。

　　　　　　　　　　（『大阪朝日』昭７・２・26）

また、いちはやく2月25日、大阪朝日は「天聲人語」で次のように呼びかけを行っている。
　「苟しくも戦場にたつ以上、何時、敵弾にやられぬとはいえぬが、殊に日露役の旅順口の悪戦苦闘は周知のこと▼突撃また突撃、出るもの悉く死傷し、未曾有の犠牲を払ったが、それでも九死に一生を得て、櫻井少将に「肉弾」の著あり▼爆薬を身につけて點火しながら敵の鐵條網へとびこんだのは、元より九死に一生なく前後を通じてかかる異例は恐らくあるまい、一切の観念はこの行動に対して雲散霧消す、忠烈とも、壯絶とも、形容いたすべき文句がない▼ただ「絶」の一字が、せめてはこれを現わすの外ない▼一切の戦死者を通じて捧げる弔意に軽重はあるべきでないが、三勇士の爆死は特に一段と深厚な弔意を捧げるだけでは済まぬ氣がする。まさしく「軍神」として祀るべきだ▼採炭夫、漁師、お百姓の家から此の勇士をだす、カフェで高論して、出がけに乞食の頭を踏むようなマルキストと、比較するのが間違いであるが▼かくの如き強力なる実践の前に、すべての観念論者の影が薄いのは事実だ▼せめては遺族を衣食に苦しめるな、親心になれば万金でも償われぬ欠陥はあろう、それをお金で補償するものではない、国民として勇士の遺族を助けずにはおれないのだ▼「九州男児の肝っ玉」と一括していえば、ソレまでじゃが、分類すれば種々の地方色がある。然れ共、三勇士は最も明白に佐賀色を體現した▼佐賀色の近き淵源は鍋島班の「葉隠れ教育」にありとみるか▼葉隠れ主義の祖、述するところ甚だ疎豪ではあるが、今時の軍隊でいう攻撃的精神をハチ切れるほど盛りあげた内容を所有し▼たとえば戦場で首を討たれ候時は、わが首で敵の咽喉へ噛みつき候え、といった調子であり、況んや爆死三勇士は葉隠れ主義の露堂々、もって地方の異色となすよりも、全日本がもつ強き誇りだ▼「落椿惜しむ心に繋ぎけり」」

2月28日、朝日新聞社は「肉弾三勇士の歌」、毎日新聞社は「爆弾三勇士の歌」をそれぞれ「500円」の賞金つきで募集。

朝日新聞は中野力「戦友の屍を越えて……」毎日新聞は与謝野寛「廟行鎮の敵の陣……」を入選と決定しました。

与謝野寛は「君死にたまうこと勿れ」の反戦詩で知られた晶子の夫「鉄幹」であり、多くの批判をうけたという。

西条八十は「大和魂の歌」を発表。
「月の上海、廟行鎮
行くに行かれぬ鉄条網
ままよこの身を爆弾に
投げて微笑む三勇士」

三上於菟吉は「噫肉弾三勇士」という詩をかいた。
「鉄条網はあともなし
されど三たりの影もなし
忠烈、悲壮、千古無比！
崇めよ、讃めよ、国民よ
国史に刻め！ 君らが名！
君らぞ、御国のいくさ神！」

肉弾三勇士

長田幹彦（作詞）
中山晋平（作曲）

1　廟行鎮の夜は明けて
　　残月西に傾けば　時こそ今と決死隊
　　敵陣深く潜入す

2　あの塹壕を破らずば、わが工兵の恥なるぞ
　　任務は重し国の大事、捨つるはやすしこの生命

3　火を吐く敵の機関銃
　　斃れし友を　踏みこえて
　　剛勇三十六勇士　爆破の部署に奮進す

4　昨江、北川、江下は、
　　筑紫の誉れ、健男子、覚悟は堅し
　　これまでと、最期の死地に衝いて入る

5　敵前ついに九メートル、爆薬筒を抱きしめ
　　鉄条網へ躍り込み
　　身をもて開く　突撃路

6　地軸も裂くる　爆音に
　　五体は土と砕けても
　　遺烈は　久遠に輝きて
　　護国の神と仰がれん。

「神だ」「軍神」だと讃えられ、もてはやされた三人の兵士は「神」でも「軍神」でもなく、まぎれもなく「人間」でした。

そして〈坑夫・沖仲仕・木挽〉という貧しい労働者でした。

江下武二は、親の代から兄弟ぐるみ、佐賀県の炭坑を転々として放浪しつづけた極貧の「炭坑夫」であり、

作江伊之助は長崎県平戸島田助浦の桶職人の子どもとして生まれ、回漕店の「沖仲仕」でした。

北川丞は長崎県佐々の山奥、深い谷をのぞむ市瀬江里免に住んだ貧しい「木挽」労働者です。

2月25日、大阪朝日が「天声人語」で——三勇士の爆死は特に一段と深厚な意を捧げるだけでは済まぬ気がする。まさしく軍神として祀るべきだ。採炭夫、漁師、お百姓の家から此の勇士を出す……と呼びかけましたが、さらに、ふたたび「天声人語」はその2日後、2月27日に、「軍神奉祀」について強くアピールしています。

「——国際聯盟をリードして物にならず、経済絶交を提唱すれば自縄自縛をまねく▼アメリカ帝国主義の進路はその海軍力が決定する、而も成算なきが故に隠忍自重して今日あり、反動来は十年をまつまい▼避けがたい業運に着眼を要する

国はオレ達を「神」にできるか

▼「生命をくれたら百両やる」といわれて「半殺しにして五十両くれ」といった悧巧者がある、理智的な打算から捨身の勇は発生せぬ、指導よろしきをうること、何事にも必要であるが▼現実が動くのは行動により、かの高閣に手を拱き、インテリの殻中に回避する者が、口角、泡を吹いても、而も現状を如何ともできぬ理由はそこにある▼生命は最大の法益であり、「生命あっての物種」とは必ずしも卑怯者の逃避ではない、人間の始中終、ただ保身にありとも見られる▼然るを敢然として捨身する時、いわゆる四句を離れ、百非を絶し、もはやソコハカの議論をもって推量さるべき内容ではありえぬ▼十返舎一九は臨終が迫ると人知れず、花火玉を懐にし「湯灌なしに火葬してくれ」と遺言をした▼野外に送りて一片の煙となし果てぬる時、轟然として煙火があがり、会葬者を驚かしたと伝えられる

▼刻々に迫る臨終を客観視し、洒落気を死後にのこす点云わば遊戯三昧であり、ソレですら中々学べぬ度胸であることに敬意を表する、況んや爆死三勇士の行動おや▼如何なる方法でも褒めたらぬ心、慰めたらぬ不足を、神社奉祀の行動によって補いたく▼出身地の村社の摂社末社も可なり、喧しい手続きや、口銭のいる寄附金や、地方政客の昇格利用や、よって衣食する手段や、さかしき批判や、その他一切を排除して小社でありたく▼青年団や処女会員の手で清掃され、保存されうる小社でありたい▼美名のあるところ、必ず不順な動念が加わりたがるものだ、祭祀は地方民の無条件なる礼拝から出発したい▼「小社や誰が供えし落椿」

　しかし、江下、北川、作江三兵士の場合、それぞれの郷里や、久留米、東京などに顕彰碑、銅像などが建立されましたが、「神社」はついにつくられておりません。

　「三勇士」は「勇士」ではあっても「軍神」になれませんでした。

　「天声人語」の訴えにもかかわらず、ついに、それは、新聞辞令の「軍神」にとどまり、幸か、不幸か、「神社」つきの「軍神」にはなっていません。

三勇士にかこつけ戦々争気分をあおった新聞の罪は大きい

天声人語

人あって曰く
——三勇士は「勇士」であって「軍神」ではない。もし公式に「軍神」として認められたものであるなら、必ず、彼らを祭神とする「神社」が建てられているはずだ。

他の「軍神」はみな「神社」がある。乃木神社がある。東郷神社がある。橘神社がある。広瀬神社がある。

真珠湾攻撃の「九軍神」は敗戦のため実現しなかっただけである。——

何故、爆弾三勇士にかぎって「幻の軍神」にとどまらざるをえなかったのであろうか。

日清戦争以来の軍神の中で三勇士ほど不当に辱められ、卑しめられ続けた存在もまたないことだと言われています。

華々しい戦争宣伝の道具として「古今未曾有の軍神」ともちあげられながら、一方において、耐えがたい"差別"と"屈辱"を強いられたものといわねばなりますまい。

この〈神々の国〉にあって「神」と賛えられながら、しかも「神」に祀られないというのは何故なのか。それは一体、何に由来するのか。貧しい「労働者」の一人に属していたからか。名もなく、学歴もなく、富もない坑夫であり、木挽であり、沖仲仕であったからか。

被支配者であり底辺の働奴であり絶対服従者としての兵士、兵卒は、爆弾の身代わりにはなれても、支配する側にたつ位相の〈神様〉に変身、昇華する道は堅く閉ざされ許さるべくもなかったのであろう。

エタのくせに軍神づらするんじゃねえ

三勇士

さらに今一つ、黒い霧に包まれて、おぞましくも、腹立たしい、一つの"噂"が地面を這うようにこの国をひそかに流れ、漂った。──三人の兵士の中に、部落民がいる──という噂でした。いつ、どこで、誰がいいだし、誰からそのことを聞いたのか、となると定かなことをいえる者は、誰一人いなかったし、三人の中の誰がそうなのか──ということになると、ある者は甲といい、ある者は乙を指し、またある者は甲と乙の二人だという始末でした。

──敗戦の翌年のこと高知の興津でおこったことである。復員してきたある兵士は、床の間に「天皇」の写真とともに掲げられていた「軍神、肉弾三勇士」の写真をひきはがし、「エタのぶんざいで軍神づらをするな」と庭にたたきつけた。──と、部落解放研究第1回全国集会(1967年)で、Tは報告しています。

軍神として、かつぎあげられた三勇士であるがゆえに、誹謗、中傷を一層つよく、なげつけられたという社会的事実のなかに、部落差別の残酷さが表されていたと言い得るでしょう。

三勇士にかかわる〈部落民説〉は、依然として多くの謎に包まれたまま、その真偽は現在明らかではありません。

しかし、そのような"噂"があったことは事実でしょう。

そして、この黒い"噂"の中に「三勇士」がいる限り「軍神」として、その「神社」を与えられ祀られるということは、蓋し有り得ないことでもあったと、言えましょう。

憶えば権力の"僕(しもべ)"としての「神」に祀られずして「坑夫の神様」として人間の心底に生きつづけたことの方が、3人の「労働者・兵士」にとっては、むしろ、心やすまる、魂の寄辺を得たものというべきであろうか。

ちなみに筆者が、福岡県内講演の際、入手した1970(昭和45)年9月10日発行「福岡県同研ニュース」第7号に「三勇士」に関する記事が掲載されていたので紹介しておきたいと思います。

「肉弾三勇士」顕彰像の復活に断固反対する

（元　電波高校）　N・S

　「上海事変の時、廟行鎮で歩兵部隊の突撃路を開くために、久留米工兵第18隊が、鉄条網破壊の任務を帯びて鉄条網の爆破作業を行った。昭和7年2月22日午前5時廟巷鎮の敵前のことである。

　このとき、ダイナマイトを竹で包んだ破壊筒を3人でかかえて鉄条網に飛びこんで爆死して突撃路を開いた3人の兵隊がいた。作江、北川、江下という工兵である。

　これが「肉弾三勇士」としてうたわれ、表彰され、歌にもなって、学校では唱歌としても教えられた。

　軍人精神表現の権げとして顕彰され、久留米と東京に銅像が建てられた。久留米市では久留米がすりの「井上でん」とあわせ、「肉弾三勇士」は久留米の象徴として鉄かぶとをかぶり破壊筒をいだいた3人の兵隊の実物大の銅像が久留米市公会堂前に建っていた。今はその台座だけが残っている。

　この「肉弾三勇士」の銅像を復活しようという動きが久留米市内であるということだ。

　この肉弾三勇士の中の2人は部落出身である。

　当時、遺骨と金鵄勲章の伝達式が佐賀県で盛大に行なわれたが、その時、遺族に対して差別待遇の行なわれたことが「部落差別」として問題になった。

　それにもまして隠された重要な問題を忘れてはならない。それは、この肉弾三勇士の顕彰が当時の軍部の「部落融和対策」の一つであったということである。

　ふりかえってみると、軍隊内における部落差別を糾弾して福岡24連隊事件が起こり、軍隊内における差別が方々で明らかにされていった。岐阜では北原泰作氏の天皇直訴事件が起こった。24連隊爆破の企てがあるとデッチあげて松本治一郎先生を投獄するという事件も起った。

　軍部は軍隊内における差別を糊塗するために被差別部落民の中で、「手柄をたてたる者はいないか」と探した。それをおし立てての部落融和対策であることは見えすいていた。

昭和6年の満州事変に続く上海事変と、わが国は戦争へ戦争への一途をまっしぐらに突き進んでいる中で部落大衆を戦争にかり立てるためにも部落に対する融和政策が必要であった。平沼騏一郎を中心とした部落融和政策は全国水平社運動をマヒさせるためにも急を要した。

　その時である。破壊筒を抱いて鉄条網に飛び込んで鉄条網の爆破と共に爆死した3人の兵士が出たのは。そしてその中の2人が部落民であるということは顕彰するのにはあつらえ向きであった。当時の中隊長は涙ながらに顕彰演説をやった。

　それによると、この時鉄条網を破壊するには敵弾雨あられと飛び来る中でなみ大抵の手段ではできない。3人がかりで抱えるような破壊筒をつくって鉄条網の中に突き込むようにして8組の破壊班を編成した。その中の5組は途中で敵弾に倒れた。2組は無事に鉄条網に破壊筒を突込んで点火して戻ってきた。1組は先頭の1人が足をうたれたが、ひるまず点火して破壊筒をかかえたまま鉄条網に飛び込んだとするとすれば命令のままに行動した8組の者が全部顕彰されるべきである。突撃路を開くのに成功したのは3組であった。なぜ1組だけを顕彰されなければならないのか。私の部下にかわりはないのに。

　中隊長には軍部の意図がわかるはずはなかったのだろう。軍部は意図的にその中の1組だけを顕彰したのである。

　破壊筒を抱いて鉄条網に飛び込んだ3人の中の2人が部落民であったからだ。

　島原の乱で部落民を突撃隊に使って、血路を開かせておきながら、約束した身分撤廃をやらなかったことや、長州藩の倒幕のとき、部落民をかり立てて血盟団をつくらせ、身分撤廃の約束を果たさなかったことなどと全く共通している。

　部落解放のための具体的措置は何ひとつ行なわず、一片の「エタ解放令」で差別と貧困を放置した為政者は部落大衆を戦争にかり立てるために「肉弾三勇士」を顕彰することで、部落融和対策の一助として利用し、根本的施策をサボってきた。にもかかわらず、軍国主義復活の表彰として、再び「肉弾三勇士」を登場させようとすることに対して、私見ではあるが部落解放同盟をはじめ同和教育関係者団体は、こぞって反対すべきではなかろうかと考える。」(『福岡県同研ニュース』第7号、1970(昭和45)年9月10日)

　……幽明境をことにして、鬼哭啾々、はや七十有余星霜を経た。

　坑夫、沖仲仕、木挽……の兵士たちよ。
　権力の「神」に祀られずしてよかったではないか。

　人々の世の、真の平和と、人の尊厳を全うするため、その礎となって散華した御身たちの志を帯し、
　　"生きて解放　この世で極楽"
を唱聞（しょうもん）する、われら草の根の業（なりわい）に、いそしむ、ともがきの中へ来りて、ともに生きつづけられんことを祈りつつ、ここに平和への誓いも新たに"鎮魂の譜"をささげる。

　微衷（びちゅう）もって諒とされよ……。

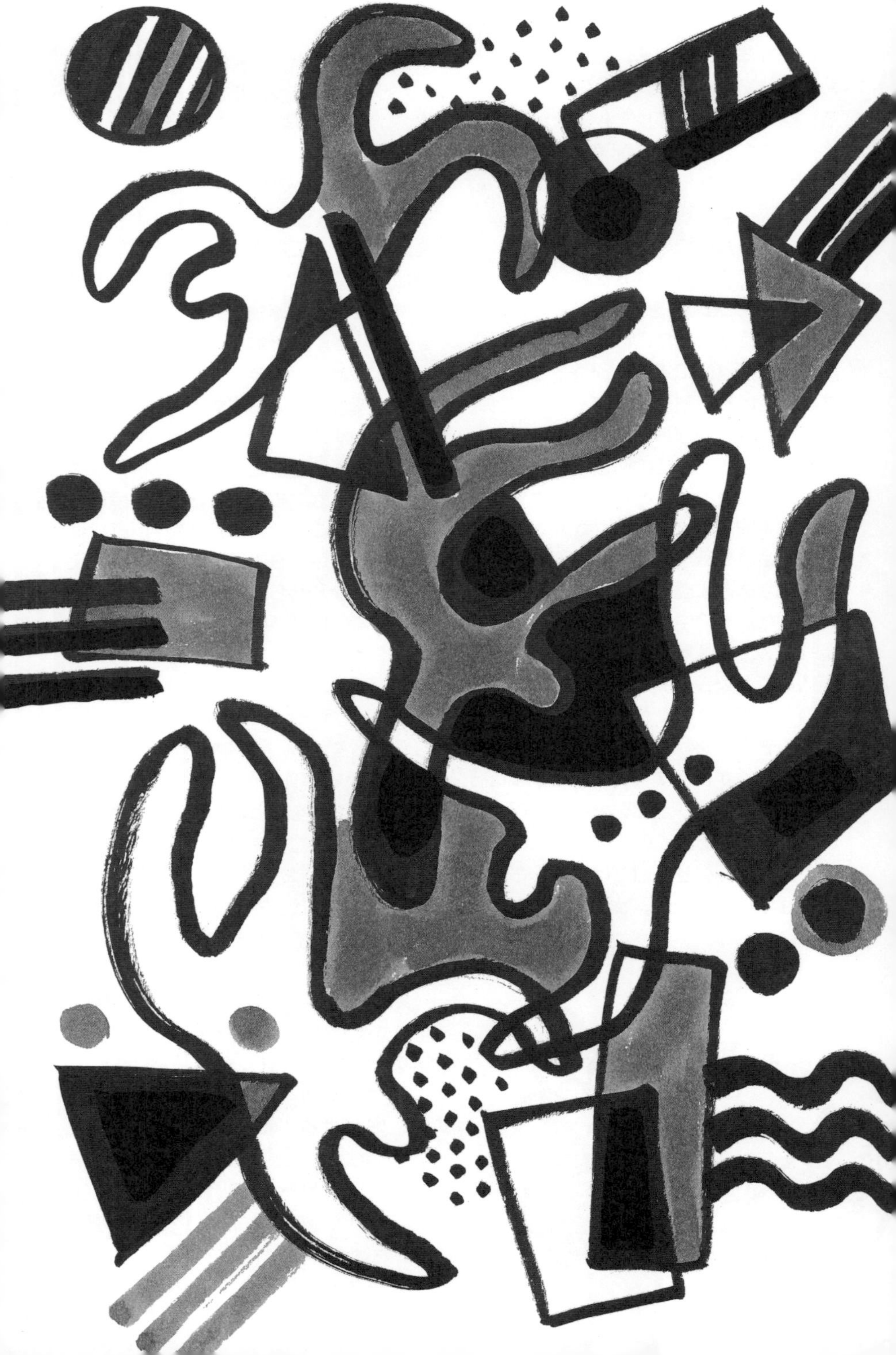

Ⅳ部

青い
ビニール
シート

阪神・淡路大震災体験記

??!!!

■青いビニールシート

——「阪神・淡路大震災体験記——

　『青いビニールシート』は、宝塚市立女性センターの利用者たちから寄せられた震災体験手記をまとめた冊子の表題です。

　『青いビニールシート』は、震災後の破壊された建造物の屋根や残がいを覆い隠しました。その色彩と形状は、被災地の人々の目にしみ、心に焼き付いています。

　人々のささやかな生活の場の傷口を、破壊のあと、えぐり取られた無残な姿を、ともあれひととき包み込み、囲い込み、かりそめの守護者の役割を果たしてくれたものです。この『青いビニールシート』は……。

　あっという間もなく、掌中から奪われてしまった生命、財産、生活の糧の一切……。あとに残って、姿、形を表してきた『青いビニールシート』よ。お前には何の罪もないのだが、あまりにも悲しく切なく胸がうずく。その数が、一つ一つと少なくなっていくことが、復旧、復興、再建、創造につながりますように。

　「これでもかこれでもかと死者の名前5千人を超えてなおも尽きざし」
　「大震災の傷跡日を追い深まりて死を選ぶ老人が又ひとりあり」
　「ビニールシート取りはらわれし廃屋にレッカー車のうなり悲鳴のごとく」
　　　　　　　　　　　　　　　Y・I

　精神的にも物質的にも、余分なものをいっぱい自分の身につけすぎてきた気がするのです。それを一枚一枚そっとはがしてゆきたい。与えられた命のしずくのある限り、日々精いっぱい努力してゆきたいと。　　　　　　　　Y・Y

　だが、今／時が経つにつれて／全身で受けた、あの恐怖を／もう／少しずつ忘れかけているような気がする。　S・T
　形ある物の脆さと、人の温かさと強さを心に刻み、人は人にしか支えられないことを教えられた。地球が私たち人間に、その存在の原点を問いかけた地震のようだ。　　　　　　　　　　R・Y

　激震を体験した四十数名の方々の原稿が手作りで表題の冊子にまとめられています。
　いのちの灯をともし、命のしずくをいとおしむ文集。いのちを凝視するとき差別の虚偽は明白です。

死ぬときは一緒に死のうと思った

——宝塚中学校・卒業記念文集より——

「5時46分、大きな揺れで私は目が覚めた。たくさんの物が私の上に落ちてきた。

私は暗やみの中、恐怖に襲われた。——家族で家の外に逃げました。近所の人たちはみんな無事でした。だけど隣のおじさんがいませんでした。お父さんが助けに行きました。家が傾いて外に出られなかったらしく『助けて！』という言葉だけが聞こえました。お父さんが窓を割って助けるのを私は黙って見守っていました。おじいさんは助け出され何度もお礼を言っていました。人と人との助け合いだなと思いました。——周りにはガスの臭いや、倒れた家で全くの別世界でした。目にしたこの光景はきっと消えないと思います。——その夜も地震でまた目が覚めました。横でお母さんが泣いていました。お母さんの背中がとても小さくて壊れそうに見えました。私たちの前で涙なんか見せたこともないのに。心というものは傷つきやすく壊れやすいものだなと思いました。お母さんを大切にしていこうと思いました。——お父さんは仕事がとても忙しく帰って来られなくなりました。

お母さんとお兄ちゃんと私の3人の生活になりました。この地震で家族のこと、人の存在、人を助けるのは人だということ……いろいろと学んだように思えます。……」(K・Oさん)

「……その日の夜はみんなで一階に寝た。危ないかもしれないけどいっしょの方が安心だった。死ぬときはいっしょに死のうと本気で思った。寒さと恐怖でガタガタ震えながら寝た……」(K・U君)
心に染みましたよ(川内生)

「父は家に戻り着替えを取ってきてくれた。『家の安全が確認できるまで入るな』と母に言って仕事に行きました。消防署で救急業務をしている父は、ただならぬ様子にすぐ仕事に行ったのです。……」(A・Y君)

「父は家族の安否を確認すると、すぐ病院へ行ってしまった。父は医療従事者だからだ。緊急時は家族より病院・患者だと言っていたけど」(S・Hさん)地の塩・世の光ですね。

母は少女のように泣いた

「地震の時、母は眠っている私たちを大きな余震の度、守ろうとずっと目を覚ましていた。当然疲れきっていた。
　おばから母に電話がかかってきた。母はおばと話している時、急に泣き出した。その時、私はいつもの母と違う姿を見た。自分の母という立場ではなく、一人の何かにおびえている少女のように泣いていた。小さな余震でおびえている私より、家や家族を守る重要な役割を持った親の本当の心の中が見えてきた。私以上に心の中ではおびえていたと思う。――口ではしっかりしたことを言っても誰もが心の中ではおびえていたとその時やっと気がついた。――今回の大地震も自分一人だけで乗り越えてきたのではなく、いろんな人と協力し合って乗り越えてきた。相手の立場になり協力し合うこと。これから希望を持ち、自分が誇りに思える人生をつくっていこうと思う。」(R・Yさん)

　ここには虚栄も虚飾も見られません。人間の傲慢、恣意、あくなきエゴを抜け出し、ただただ無心に助け合って生き抜こうとする、ひたむきな姿が浮かび上がっています。

　それらは「差別心の温床」からの訣別を示唆するものであったと思います。〈人間の本音は差別心だ、それが大人・世間の常識さ〉などの物知り顔の発言がいかに根本的な思い違いか！　払暁の地鳴りの中で、少年少女たちは、"いのちの響き合い"の中で、体得・実感したものと私は信じて疑いません。

――宝塚中学校・卒業記念文集より――
「すべてがあった。電気が、ガス、水道があった。あって当たり前だと思っていたものがなくなってしまった。――まるで、おもちゃ箱をひっくり返したように、いとも簡単に破壊した震度７の直下型地震は、自然の力の強大さをいやというほど感じさせるものだった。森を切り開き、山を崩してつくったまちが、自然を破壊してつくったまちが、自然の力で滅ぶ。――地震発生直後一カ月ほどして、神戸に行った。――宝塚とはまた違う地震の恐ろしさ。――が強く心に残った」
(K・M君)

震災と公務員
(隣保館職員として)

僕の公僕の何たるかを見せてくれたね

――行政と住民の「心の架け橋」――

「行政(機関)と市民の間に、何となくあった両者を隔てる溝、あるいは垣根のようなものが、被災業務の取り組みの中で、自然と無くなり解消してしまったように感じましたね。一体感が生まれました。

行政と住民が手を携えあって、命と暮らしをギリギリのところで守りきっていかねばということで結びついて、心と心とが融け合って一体化して、一日一日、一瞬一瞬を困難な事態の解決、処理ということで協力して事にあたりましたからねえ……」宝塚市第1隣保館の一室でした。（6月末）

T専任役、S館長、F主査、K吏員らが当時を振り返りながら話してくれました。

それぞれが被害の大小は別にして、一個人、一市民としては被災者でありながら、公務員、市職員という使命感、責任感を強く意識して、自宅、家族を気遣いつつも、市役所に、各持場、職場に急ぎ駆けつけられた様子がうかがえ、胸が熱くなるものを覚えました。

家屋倒壊、水道管破裂、ガス漏れ、断水……ありとあらゆる難問が持ち込まれ、要望が山積みのように出されてくる……。1日目は200人、2日目は381人の避難者。

隣保館全室開放、緊急非常体制でフル回転。5月8日避難所閉鎖の日までの利用者は延総数1万4101人に達しています。

緊急時避難者の〈24時間・生活まるごと守り保障する行政の第一線基地〉そのものです。

「60時間不眠不休の立ち働きでした」
「水・食料の確保、炊き出しなどとともに、集団中毒の発生防止や、火災につながる寝たばこの防止など、避難共同生活の秩序、平穏の確保にも気苦労し緊張の連続でした。10日間は無我夢中、精いっぱい頑張りぬきました。」

天災時の危機管理を叫ぶとき、日本の場合の生きたモデルは隣保館にあるといってもよいと思います。

人権と福祉の砦、そして地域自治と行政活動の連帯の場の隣保館に、深甚の敬意と感謝の気持ちをささげてやみません。

関東大震災と「千田是也(せんだこれや)」

(イラスト内テキスト)
- 軍敬言
- デマ
- 不逞鮮人が暴動を起したぞー 井戸に毒を入れたぞー
- 自警団
- 見つけ次第殺してしまえ
- 千載一遇のチャンスだ 鮮人、中国人、社会主義者を根だやしにしてしまえ

　1923(大正12)年9月1日、土曜日午前11時58分31.6秒。関東地方にM7.9の大地震発生。その翌々日、正確な情報が得られなかった中で《不逞鮮人が集団を組み、日本に対する報復の機会だとして震災後の人家、日本の民衆を襲撃している。女子暴行、金品掠奪、コレラ・ペスト菌などを水源地や生活用水に投入したり、放火したり、悪逆非道を働いている。善良な市民の生活や生命財産を守るために、自衛団を作り、朝鮮人を見つけ次第やっつけてしまえ》という流言・デマが飛び交い、瞬く間に全国に、特に震災地周辺に広まっていきました。

　町会や地域単位に何千もの「武装自衛団」が組織され、日本刀や竹槍、鳶び口(とびくち)など手に手に武器を携えて「朝鮮人狩り」という蛮行が演じられ、9月3日～5日にかけて数千名(6千名ともいわれる)の朝鮮人が虐殺されるという、まことに恥ずべき事態が引き起こされてしまったのです。

　「報復のための暴動云々(うんぬん)」の全く事実無根のデマを容易に受け入れてしまう「差別意識の社会的土壌」がつくられていたところに、根本的な問題があったと言わねばなりません。

ところでこのような関東大震災の際の「差別と迫害」の痛恨の歴史の中での、一つのエピソードを想起してみたいと思います。
〈千田是也（せんだこれや）さん〉
　1994（平成6）年12月21日、肝臓がんのため、90歳で他界されました。
　亡くなられる最後まで、生涯現役の一人の俳優であり、演出家であり、劇団・俳優座の代表であり、日本劇団協議会会長として日本の新劇運動の歴史とともに歩まれた方でした。
　本名は伊藤圀夫さん。当時19歳。東京で演劇を志し学んでいた学生の一人でした。
　焼野原となった東京の一角で、武装した自警団に取り囲まれ、「朝鮮人」と間違われて襲われ暴行を受け、命からがら危機を免れ、虎口を脱したという体験の持ち主だったのです。

〈コレヤ（コイツは）センダ（朝鮮人）と竹槍で突きたてられ、在日朝鮮人は日本語の濁音・半濁音の発音に習熟していないこととて、〈55円50銭・パピプペポと言ってみろ〉などと脅かされ、死の恐怖にさらされました。その時の出来事を、築地小劇場に入団（1924年）した際、土方与志（演出家）に話したところ〈千駄谷でコリアンと間違えられたのだから、俳優名・芸名は「千田是也」としたらどうか……〉と勧められたこともあって、この世の中から「差別と迫害」をなくすことに役に立つような演劇人として生涯を貫くために、この日の出来事を心に刻み、一生忘れることのないように……という決意を込めて、「千田是也」と名付けられました。90歳で他界される日まで、70星霜を一貫して、自由と人権確立、差別撤廃を目指し、「千田是也」で生き抜かれたわけです。
　民族差別を許さぬ決意とともに、部落差別撤廃への取り組みもたいへん努力をされました。

大地動乱の時代

――地震と差別と人権と――

　建設省建築研究所・応用地震学室長の石橋克彦氏の著書に「大地動乱の時代」（岩波新書）という本があります。阪神と震災に関しての分析の中で、この本でも述べられたこととして、「重要な地震学の知見として、あと数十年以内に四国沖でマグニチュード(M)8級の巨大地震が発生すると予想される。紀伊半島―四国南半を中心に中部―山陰―九州にまで震災をもたらすだろう……」と「災害軽減計画」の急務を説いておられます。傾聴に値します。

　さて、あの激震の日から1カ月余り過ぎた2月19日付の、朝日新聞・「朝日歌壇」につぎの一首が選ばれていました。
島田修二選
　「争(あらそ)いも　差別もやめよ　一揺れ(ひとゆ)の地震に
　　　すべなき　小さき我等」
　　　　　　　　　　香川県　山地千晶

　この一首に接したとき「そうだ！　ほんとうに、そうだ、そのとおりだ」と、思わず私は、心の中で、そう叫んだものでした。

　皆様方は、どのように感じ取っていただけたことでしょうか。

　大地動乱の時代、「天災列島」ともいわれる日本に生きるすべての人々にとって、この度の「阪神・淡路巨大地震」と、言語に絶する悲惨な災害の様相は、そして試練は、また明日のわれわれにも問われる試練かもしれません。古くからの〈今日は人の身、明日は、わが身〉という教えにもあるとおりです。

　人間は、人間同士、お互いに助け合い、支え合わねば生きていけません。

　激震に襲われ、一瞬にして生死の境、極限状況に追いやられたとき、人間は、はたして何を思い、何にすがるのでしょうか。

　絶体絶命のその瞬間、崩れ落ち積み重なる瓦礫(がれき)の下から「助けてくれー」と絶叫し、救いの手を求めるときに、人は、何を思うのでしょうか。一人ひとりが、その立場に、身をおいて、胸に手を当てて考えてみたいものではありませんか……。

　生きるか死ぬかの、瀬戸際(せとぎわ)で、「助けて！」と救いを求める手をさしだすとき、人は「人種、民族、国籍、障害、性別、貧富、そして身分等々」の差別の尺度を、救い主である相手に当てはめるものでしょうか。

在日コリアン、アジア系外国人、日本各地からたくさんの人の手がさしのべられた

「救い主」の手を、差別の物差しで、はかってから差しだそうとするのでしょうか。

危急存亡・間一髪・極限状況の中で、〈助かりたい・救われたい〉という人間と、〈助けよう・救いだそう〉という人間のあいだにあるものは、人間同士の、あたたかい"いのち"をみつめ合い、守り全うしようという"いのちといのち"のふれあい以外の何ものでもないと信じてやみません。

現実の差別（意識）は、さまざまな歴史的形成過程と諸要因をもつものであるにせよ"いのちの原点"にたちかえるとき、それはいかに空しい人為的な虚偽の意識であることか。巨大地震の一揺れは"争いも差別もやめよ"と教えてくれたものと受けとめたいものです。

天災列島に生きる

地震は「地下で岩石の崩壊や、ずれが起き「断層」ができて発生する」と説明されています。日本列島は、いたるところに「活断層」が走っているといわれています。

『活断層』とは、この200万年の間に繰り返し動いたことが確認されていて、今後「活動する可能性のある断層」という意味です。

ただ「活動周期は約千年に一度」とされ、しかも数百年の誤差があるので具体的に予知するのは幅がありすぎて困難なようです。

1995年1月17日・午前5時46分。突如、直下型激震が阪神・淡路地方で発生。死者・5,441名（3月1日現在）。気象庁によると、マグニチュード（M）が7.2。震源は淡路島北端で、深さは約14km。

日本の内陸部で起きた直下型地震では、同じ7.2だった1943年の鳥取地震。7.1であった1948年の福井地震から、半世紀ぶりの大地震でした。

鳥取地震のときの死者は、1,083人。
福井地震のときは死者3,843人。

今回の大都市圏で起きた阪神・淡路大震災（兵庫県南部大地震）は犠牲者数でも戦後最大。

「日本列島は、もともと活断層が動き、その度に隆起してできた島であり、いわば地震によって生成した国である、ともいわれていて、わかっているだけで千本を超える活断層があり、どの地域に住んでいても、地震と無関係の所は存在しない」という地震学の研究データを前にして、誰しも認識を新たにせずにはおられません。

地震そのものは地球の営みの中で起きるものですから、それをなくしたり、止めたりはできるはずもありません。そこからもたらされる被害を極力軽減するための最善の努力がいかに大切かということを、この度の被災結果は、わたくし達に教えてくれています。

　この度の震災による死者の方々の過半数は、60歳以上の高齢者であり、しかもその多くは老朽木造家屋の居住者であったため、逃げおくれて倒壊家屋の下敷きとなり、圧死して亡くなられた方々であったと考えられることが、日時の経過とともに、調査の進行の中で明らかになりつつあります。

　病人や、障害児者、そして高齢者の方々など、「いわゆる社会的弱者」が最も皺寄せを多く受けたのではないか？という問題点を、今次の震災被害が示しているようにも考えられるところです。それらは今後の詳細な調査結果に基く分析と総合的な研究考察に待たねばなりません。

　ただ、大切にしたい視点は、地震そのものは天災・自然災害であっても、被害が「いわゆる社会的弱者」により多く集中していたとするならば、それは天災を起因とした「人災」と言わねばならないということです。

　社会的断層によってもたらされた被害・不利益は人災であり差別だと言うべきでしょう。

　《地震は天災、しかし社会的差別の構造により加重された被害は差別であり人災である》

社会的差別の構造により加重された被害は差別であり人災である

あとがき

"いのち・等しく・尊し。"
人の、いのち・は悠久の時の流れと、生きとし生けるものの、いのち・の結晶です。
「いのち・の中の・いのち」の主体者なるがゆえに人間は、かけがえのない尊い存在です。
過去幾多の困難と試練にたえながら、人類の多年にわたる歴史のなかで、求められ創りだされてきたものこそ、自由と平等を根幹とした基本的人権であります。
人権は、絶えざる努力によって保持しなければなりません。人権の確立のためには、さまざまな差別の撤廃がかかせません。
差別は社会の平穏と平和を脅かすものであるとともに差別する人びとの人間性をも損なうものです。

時あたかも戦後56年。国際家族年に続いて寛容年……。そして「人権教育の10年」の折返し……。"家族という社会の中核から、小さな民主主義を築きあげよう"という呼びかけが世界のすみずみに及ぼうどしています。
家族構成員1人ひとりの人権の確立が叫ばれています。
対立・憎悪を超えた「寛容と共生」が一層強く願われています。
いま、21世紀を展望したとき、その明日を占うキーワードは「平和・人権・環境」だと言われて既に久しいものです。もとより「人権」が中核となることは明白です。平和なくして人権なく、環境の保全も期しえませんが、人権なくして平和なく、差別をなくしきらずして人権もまた有り得ません。そして、すべての人々の不断の努力によってこそ、人権は保持され守られるものであることも、また明白の理です。
愛しき人々のいますこの世に、平和と安らぎあれ。
人の世に熱あれ・光あれ。

人の世に熱あれ

残生いくばく……。音もなく忍びよる、寂寥の、感懐の波に包まれ眠られぬ夜の枕に、幾度、重い頭を沈めたことか……。

　しかし、なお今も、一片の素志を求め、求めて、ただひたすらに地を這うような旅路に見果てぬ夢を追いつづけている始末です。

　別け入っても、別け入っても……の人の心の襞々の深さに嘆息しながら、愚直一徹、いよいよ頑固に「水平行脚」に没頭、その明け暮れの日ぐらしを重ねています。

　21世紀も、とうとうやってきました。もう21世紀に入ってしまいました。

　いま、真に、人権の世紀を創りたいものです。

　生きるとは、時間に命をきざむこと。
　学ぶとは、ともに希望を語ること。
　悲しみは分ちあえば半分になり、喜びは分ちあえば倍になるといいます。

　お互い、生れてきてよかったと言える世の中で生涯を全うしたいものです。

　近年、とみに消耗を覚えることの多くなりはじめました老書生にとりましては、全国各地への「水平行脚」講演活動も「もの書く仕事」の進み具合も捗どらず、足踏み状態、停滞気味になり、それにつれて、折角の教材・資料・草稿も時機を失し、たえず一からの出直し、やり直しで難渋いたしましたが、根気づよく励まし見守り続けていただいた菊地泰博社長の支えで、やっと、ここまでやってこられました次第です。改めて深甚の謝意をささげる次第でございます。ありがとうございました。

　ビギナーシリーズの、川内俊彦の〔部落差別と人権〕三部作目にあたります。この『部落差別と宗教』が、前著同様、貝原浩画伯の健筆により、各頁を飾り、彩どっていただけましたことにも心より御礼申し上げる次第です。全国の読者の皆々様、どうぞ、よろしくお願い申しあげます。

光あれ

川内俊彦●文

1928年生まれ。
大阪府八尾市立八尾中学校教諭、大阪府八尾市教育委員会指導主事、大阪府教育委員会指導主事、大阪府八尾市教育委員会同和教育室・室長(部長職)、大阪府八尾市立公立学校校長(特別任用)、大阪教育大学・関西学院大学・大阪城南女子短期大学・花園大学文学部・奈良県同和教育講師団講師を歴任。
著書『差別とたたかう教育』(明治図書)、『部落解放教育の具体像』(部落解放研究所)、『解放教育の実践』(部落解放研究所)、『やさしい人権教室』(解放出版社)、『企業と部落問題学習』(解放出版社)、『西郡部落解放運動史』(解放出版社)、『同和教育実践の手引き』(明石書店)、『同和行政の話』(明石書店)、『社会同和教育実践の手引』(明石書店)、『やさしい同和問題』(明石書店)、『みんなの人権教室』(解放出版社)、『部落差別と人権』(現代書館)、『部落差別と人権(Ⅱ)』(現代書館)、『企業と同和問題』(明石書店)、『水平線の詩(うた)』(奈良県部落解放研究所)、『わたしの人権教室』(解放出版社)など。

貝原 浩●イラスト

1947年　倉敷市生まれ。
1970年　東京芸術大学卒業。
社会風刺を軸に、数多くのマンガを描き続けている。
『どぶろく宝典』(農文協)
『ショーは終ってんのー』(社会評論社)
『戦後50年、100肖像』(インパクト出版会)
『風下の村から』(平原社)
　FOR BEGINNERS シリーズ
『戸籍』『全学連』『天皇制』『日本の軍隊(上)(下)』『日本の権力』等、計16点(現代書館)。

FOR BEGINNERS シリーズ
(日本オリジナル版)
⑨②**部落差別と宗教**

2001年11月30日　第1版第1刷発行

文・川内俊彦
イラスト・貝原浩
装幀・市村繁和

発行所　株式会社現代書館
発行者　菊地泰博
〒102-0072
東京都千代田区飯田橋3-2-5
電話(03)3221-1321
FAX(03)3262-5906
振替00120-3-83725

写植・一ツ橋電植
印刷・東光印刷所/平河工業社
製本・越後堂製本

http://www.gendaishokan.co.jp/
ⓒPrinted in Japan, 2001.
制作協力・東京出版サービスセンター
定価はカバーに表示してあります。
落丁・乱丁本はおとりかえいたします。
ISBN4-7684-0092-2

五位鷺は白鷺よりも反りかえり

FOR BEGINNERS シリーズ

歴史上の人物、事件等を文とイラストで表現した「見る思想書」。世界各国で好評を博しているものを、日本では小社が版権を獲得し、独自に日本版オリジナルも刊行しているものです。

① フロイト
② アインシュタイン
③ マルクス
④ 反原発*
⑤ レーニン*
⑥ 毛沢東*
⑦ トロツキー*
⑧ 戸　籍
⑨ 資本主義*
⑩ 吉田松陰
⑪ 日本の仏教
⑫ 全学連
⑬ ダーウィン
⑭ エコロジー
⑮ 憲　法
⑯ マイコン
⑰ 資本論
⑱ 七大経済学
⑲ 食　糧
⑳ 天皇制
㉑ 生命操作
㉒ 般若心経
㉓ 自然食
㉔ 教科書
㉕ 近代女性史
㉖ 冤罪・狭山事件
㉗ 民　法
㉘ 日本の警察
㉙ エントロピー
㉚ インスタントアート
㉛ 大杉栄

㉜ 吉本隆明
㉝ 家　族
㉞ フランス革命
㉟ 三島由紀夫
㊱ イスラム教
㊲ チャップリン
㊳ 差　別
㊴ アナキズム
㊵ 柳田国男
㊶ 非暴力
㊷ 右　翼
㊸ 性
㊹ 地方自治
㊺ 太宰治
㊻ エイズ
㊼ ニーチェ
㊽ 新宗教
㊾ 観音経
㊿ 日本の権力
(51)�461 芥川龍之介
52 ライヒ
53 ヤクザ
54 精神医療
55 部落差別と人権
56 死　刑
57 ガイア
58 刑　法
59 コロンブス
60 総覧・地球環境
61 宮沢賢治
62 地　図

63 歎異抄
64 マルコムX
65 ユング
66 日本の軍隊(上巻)
67 日本の軍隊(下巻)
68 マフィア
69 宝　塚
70 ドラッグ
71 にっぽん (NIPPON)
72 占星術
73 障害者
74 花岡事件
75 本居宣長
76 黒澤　明
77 ヘーゲル
78 東洋思想
79 現代資本主義
80 経済学入門
81 ラカン
82 部落差別と人権Ⅱ
83 ブレヒト
84 レヴィ-ストロース
85 フーコー
86 カント
87 ハイデガー
88 スピルバーグ
89 記号論
90 数学
91 西田幾多郎
92 部落差別と宗教

＊は在庫僅少